ケアメディア論

——孤立化した時代を「**つなぐ**」志向

引地達也

ラグーナ出版

はじめに—新型コロナウイルスで可視化されたケア—

2020年、世界を席巻している新型コロナウイルスは膨大な感染者と死者を生み出した。死への恐怖は、人々の移動と行動の制限という社会的要請を強制化させ、社会の中で暮らす個人の「ケア」を鮮明化させ、マスクを付ける、人と人との距離を置く等、見える行動として可視化させた。

このケアを促したのはメディアからの情報であり、それにより行動を規範づけられたことは確かである。本書のテーマである「ケアメディア」とは、かかわり合いで成り立つ社会の必然として、協調の中で思考されるメディアであることを示しつつ、「ケアメディア」をメディアの新しい様式として様々な角度から検討し、その概念や思考を示すものである。

新型コロナウイルスに対抗する世界に向けて、「タイム」（2020年3月15日付）で歴史学者・哲学者のユヴァル・ノア・ハラリ氏は、米国の自国第一主義を念頭にこう記した。

「多くの人が新型コロナウイルスの大流行をグローバル化のせいにし、この種の感染爆発が再び起こるのを防ぐためには、脱グローバル化するしかないと言う。壁を築き、移動を制限し、貿易を減らせ、と。だが、感染症を封じ込めるのに短期の隔離は不可欠だとはいえ、長期の孤立主義政策は経済の崩壊につながるだけで、真の感染症対策にはならない。むしろ、その正反対だ。感染症の大流行への本当の対抗手段は、分離ではなく協力なのだ」（翻訳・柴田裕之氏）。

協力すべきなのに、分断しか方法はないとしている現状、国際協力を主導するリーダーの不在を嘆いたハラリ氏は最後にこう結び、協力が解決の道筋だと指摘する。「人間どうしが争えば、ウイルスは倍増する。対照的に、もしこの大流行からより緊密な国際協力が生じれば、それは新型コロナウイルスに対する勝利だけではなく、将来現れるあらゆる病原体に対しての勝利ともなることだろう」（翻訳同）。

さらに同年3月18日、ドイツのメルケル首相はドイツ国民に向けて、個人の行動を大幅に制限する厳しい措置を取る決定への理解と協力を求め、民主主義の原則として国民に制限を課すことの重大さをこう表現した。「そうしたことは民主主義社会において決して軽々しく、一時的であっても決められるべきではありません」。この前提の上で「しかし、それは今、命を救うために不可欠なのです」と力説し、とりわけ人と人との交流の機会が失われることを受けて、「今は、距離だけが思いやりの表現なのです」と諭した。

この「思いやり」は、「ケア」とも訳される Fürsorge である。危機的な状況の中で人と人を結ぶ重要なキーワードの「ケア」は日本においても例外ではなく、社会的距離を取ることや時差通勤、テレワークなどの社会行動として具体化している。これらをつなぐ情報や情報を発する行動、情報の媒介物、最近では非接触型が奨励されるコミュニケーションツール等のすべてがここで論ずるケアメディアであるが、本書では旧来のマスメディアを中心にケアメディアについて考えていきたい。

現在の私の仕事は、精神科患者の社会復帰に向けた支援活動という「ケア」そのものである。この場合のケアは狭義とされる意味「癒し」「施し」「支援」に近いことばである。私の仕事の出発点となったのは、東日本大震災で被災地に設けられたボランティア拠点での、被災者の方々への支援活動だった。現在、支援が必要な人と深く接し、困難からの解放を目指す活動の経験や精度を高めるなかで、自己洞察を深めれば深めるほど、「ケア」という仕事がかつて新聞社や通信社で記者として活動していた頃の行動とつながっていることに気づかされる。

社会の問題点を考え、その解決に向けて行動する。ケアとは、医療行為や精神的な介入行為（カウンセリング等）、訓練などの教育行為、メディアにおいては商品や企画、ソフトコンテンツを使っての間接的な生活への介入行為である。何かが「できない」を「できる」にかえること。これは私たちの生活全般の各所に内在することであり、これらの行為なしにはよりよい生活は営めないだろう。

つまり、人は社会活動を通じて何かの実現に向けて取り組む。そこで人は、「助けられ、助ける」存在であることが基本で、人の集合体としての社会では、「ケア」が社会構成の重要な位置を占めるともいえる。また、人は人と「ケア」によってつながるという表現も可能で、これは個人と個人の関係を超え、個人の生存権を確保する国家との間でも、個人と組織の間でも成立する。

この「ケア」で結ばれた関係性を確保するものがコミュニケーション行為であるから、ケアとコミュニケーションは、親和性を超えた一体感を伴う密接な相互作用により成り立っているといえよう。

自らの行動を振り返ると、いわゆるジャーナリズム活動から支援活動に重点が移行した時、部分的な行動は変わったものの、行動する際の心持ちが変わった気がしなかった。この経験は私に「ジャーナリズム」に関する行為と「支援」行為が共に同じ動機のもとで行われている、という気づきを与えてくれた。それは、社会でよりよく生きようともがく人たちに対するメディアの役割に、光をも与えてくれたような大きな発見であった。

われわれが慣れ親しんだ固定観念では、メディアとケアは別個の領域である。しかし、それらの領域は「ソーシャルメディア」という存在により日々更新され、新しいメディアでのつながりへ、商業ベースの論理へと強引な面もありつつ導かれていく。そこにおいて、各領域を隔てる壁は崩壊していくと予想される。

この新たなメディアとケアの接地点こそが、時代に応じた、人々が欲する新しい場所となる。その接地点とは、技術革新だけではなく、社会や人の心が求めた結果の場所であり、現在のジャーナリズムにとって重要なメッセージであるような気がしてならない。

ここにある報告書を紹介したい。

関東地方の中規模精神科病院に通院する男性（44歳）の「心理検査報告書」である。ロールシャッハ・テストの結果として以下の記載があった。

きわめて内向的な人であり、自分の感情を表現することがほとんどできず、ものごとを主観的に考えやすいところが特徴である。社交的な場面ではまったくスムーズにふるまうことができない。おどおどして困惑するか、逃避するか、といった行動になってしまう。社会適応性も低いといえよう。共感性のある人ではあるが、それが良好な人間関係に結びつくというより、他者の考えや感情が気になって、過敏になってしまうのだろう。ものごとを悪くとって、抑うつ的になりやすいところもめだっている。神経症のレベルの人と思われる。

この報告書は何の説明もなく本人に渡されたため、本人は結果を見て、記載された自分と自画像との違いに驚愕し、テストが示した自画像に苦しめられ、彼の病状は悪化し社会復帰に時間を要することになった。これを受け取った本人をよく知る私としても、驚きの報告書であった。彼は地元のバンドのメンバーとして活動し、大手家電販売店で接客業務を約20年勤めていたからである。もちろん、ロールシャッハ・テストをはじめ心理検査はいまだ完璧なものではない。実態と離れてしまう部分もあるだろうが、私が気になるのは、評価基準があいまいなまま、人を簡単に表現してしまっている情報伝達の凶暴さである。病院から個人に報告書用紙というメディアを介して伝えられたメッセージには絶望につながる記号だけが連ねられていた、というのが本人の感覚だったようだ。

そして、これこそが日本社会のメディアの現状と、メディア不信を理解するのに有効な事例だ。病院という権威のもと、ロールシャッハ・テストという形式に則り、出た結果を伝えることを繰り返してきた業務フローの中で、いつの間にか病院という権威側は「当事者」、そして「当事者の気持ち」、さらには「当事者は心を持つ」ことを忘れてしまったような気がしてならない。マスメディアも同じ状況に陥っているという指摘や、当事者視点の不在については古くからの課題ではあったが、「ケア」という言葉や行動を当事者視点を内包する概念として考察するならば、この概念からケアを基本とする新たなメディアの概念を生みださなければならない。私はこの概念を「ケアメディア」と名づけたい。

忘れられた当事者視点、そして社会とはかかわり合いであることを再認識することで、「ケアメディア」という概念が、社会の必要性とともに浮かび上がってくることを目指したい。そこではケアとメディアが、よりよい共生社会を目指す者にとっては相性のよい、親和性のある言葉として取り扱われるであろう。しかしそれは、既得権を守ろうとし、人々を分断させることで権力・権益を獲得しようとする層にとっては、やっかいな存在になるかもしれない。それは「ケアメディア」が、市民のつながりや助け合いを生み、権力に対峙する可能性を秘めているからである。すなわち、「ケアメディア」という言葉を検討することは、良いジャーナリズムと悪いジャーナリズムを判断する機会ともなり得る。

社会が何を求めるかは、その土地の人々の仕組みを尊重した上で、正規の手続きに則った判断に委ねられるが、「ケアメディア」の概念は多くの市民の幸福を希求する際の材料として機能する。

このように、ケアとメディアの親和性を検証しながら、「ケアメディア」なる言葉の概念化を試みるのが本書である。メディアは人をケアできるのかという問いかけと、メディアはケアするもの、との考えが交差する中で答えを導いていく。

第1章では、ケアされるべき状態にありながら、それが成し得なかった象徴的な事例として「自殺」を取り上げ、統計や傾向などからケアの必要性を考える。さらに、ケアの対象として最も「分かりにくい」とされながら、実は身近な存在である「精神疾患」の現状を明らかにする。ケアされる対象としての彼らとメディアの関係を浮き彫りにしながら、日本社会におけるケアとメディアの認識を確認していきたい。

第2章では、「ケア」なる言葉がいかに生まれ、普及し、その本質は何かを哲学、倫理学から追究していきたい。その上で看護学の視点を示し、日本と国際社会での「ケア」の取り扱われ方を確認する。さらに精神障害者をテーマにした映画作品を取り上げて、その語られ方を考察。イタリアのバザーリア法にもふれ、ケアの幅を考える。

第3章は、メディアとジャーナリズムの本質を示すことで「ケアメディア」の可能性を考えたい。ケアメディアに近い概念である米国のパブリック・ジャーナリズムに触れ、日本におけるケアと、ジャーナリズムの先行研究である林香里の論考を中心に確認したい。

第4章は、ケアメディアの輪郭をクリアにするために、ソーシャルメディアの発展という「環境」を認識し、ケアメディアに関わる人に求められる「倫理観」を示す。そして重要なポイントである「当事者意識」を取り上げ、「ケアメディアの条件」を浮かび上がらせたい。特に当事者意識については、24時間テレビへの批判や若者から絶大な人気を誇るバンド「SEKAI NO OWARI」に注目する。またジャーナリズムにとって重要な「権力監視」についても、どのように担保できるのかを考えたい。

最後の第5章で、ケアメディアを支える基本的な考えと合致する行動として、精神医療の手法である「オープンダイアローグ」を紹介する。フィンランド発祥のこの手法には、ケアを考え、メディアとして実行する重要なキーワードが含まれている。また、ケアメディアの素地として「市民型オペラ」のコミュニティが必要であることを示し、ケアメディアなる行動について、いくつかの項目にまとめた。これはあくまでも素案であり、議論の出発点にしたいと考えている。

以上の流れをたどりながら、ケアメディアを概念化し、新しいメディア世界の中心で活動が展開できるよう新しい一歩を踏み出したい。

ケアメディア論——孤立化した時代を「つなぐ」志向　目次

第1章
広範なケアを必要とする社会背景

1　自殺者約3万人とその対策

自殺とは何か――存在を打ち消す心的行為の実際行動

ケアをテーマに社会を考えるとき、そこには常に「生命への危険」がつきまとう。高齢者ケアでは、低下する高齢者の身体能力及び精神機能に対する「施し」としてのケアがある。子どもへのケアでは、人間としての自立能力はもちろん、社会的な自立も含め、成長過程において大人が面倒をみなければならない。高齢者でもなく、子どもではない場合にも、難病患者や知的・身体・精神に何らかの障害のある人にも「できない部分」を「支援」する社会制度などがあり、これらもケアに分類されるだろう。また女性や国籍、出自をめぐり社会的偏見にあう人にも、差別というアンバランスな状態からの解消を目指した何らかのケアが必要であろう。

また一般の人たちも、突然病気になる可能性がある。誰がどんな病気になるのか、ならないのかは誰も保証されていない。それは誰にでも起こり得るもので、従って、誰もがケアされる立場になり、あるいはケアする立場にもなることを意味している。

ケアの緊急性や社会性を考えて社会を見たとき、「自殺者」の存在は、誰でも、ある日突然に、その存在を無くしてしまうことから、周囲に大きな悲しみをもたらし、1人の死だけではなく、社会的にも大きなインパクトを与える。そのため、自殺は「反社会的な行為」だと認識され、重点的にケアしなければならないというのが常識だ。

デュルケムの『自殺論』は、19世紀末のヨーロッパ社会が主な舞台となっているが、現代においても「アノミー論」は自殺について大きな示唆を与えてくれる。アノミー論とは、ギリシア語の「無法状態」＝アノミアーから派生したもので、デュルケムは『社会分業論』（１８９３年）や『自殺論』（１８９７年）でその概念を書き記した。その中では、経済社会の好不況により人々の内部で混乱が起こるが、この混乱がアノミーである。

デュルケムの自殺に関する三つの命題は以下である。

１　自殺は、宗教社会の統合の強さに反比例して増減する。
２　自殺は、家族社会の統合の強さに反比例して増減する。
３　自殺は、政治社会の統合の強さに反比例して増減する。[1]

つまり、「社会の統合が弱まると、それに応じて個人も社会生活からひきはなされざるをえないし、個人に特有の目的がもっぱら共同の目的にたいして優越せざるをえなくなり、要するに、個人の個性が集合体の個性以上のものとならざるをえない。個人の属している集団が弱まれば弱まるほど、個人はそれに依存しなくなり、したがってますます自己自身のみに依拠し、私的関心にもとづく行為準則以外の準則をみとめなくなる。[2]」とし、さらに「社会的自我にさからい、それを犠牲にして個人的自我が過度に主張されるようなこの状態を、自己本位主義とよんでよければ、常軌を逸した個人化から生じるこの特殊なタイプの自殺は自己本位的自殺とよぶことができよう[3]」と解説する。

ここで「自己本位的自殺」が「反社会的」であることが、明確になる。

また、デュルケムは欲求について、「どんな生物も、その欲求が十分に手段と適合していないかぎり幸福ではありえないし、また生きることもできない。それに反して、もしも欲求が、手段の上で許容されるもの以上を求めたり、あるいはたんにその手段と関わりのないものを求めたりするならば、欲求は、たえず裏切られ、苦痛なしには機能しえないであろう[4]」と、欲求の扱いづらさを示した。

社会が混乱におちいったとき、なんらかの急激な変動が生じたとき、社会の共通の規制のはたらきは弛緩する。その結果、人々の欲望は「無規制」にとめどもなく拡大し、個人を苦しめる。このあいだに起こる葛藤が「アノミー」である[5]。

キリスト教社会が形成されるやいなや、自殺は悪だとされ厳禁とされた。563年のプラハの宗教会議は、自殺者は「いかなる追憶の祈祷も与えられてはならず、遺体は讃美歌によって送られてはならない」という決定をくだしている。世俗の法においても同様で、フランスのアンシャン・レジームの下では、自殺者には正規の刑が宣せられ、死体はすのこにのせて引きまわされ、大道や四辻にさらされたり、吊るされたりした。その財産は没収と定められていた[6]。

さらにイスラム教においては、コーランによる「人は、その生の終りを定めている書にしたがい、ただ神の意志のみによって死に就く」が根強い。古代都市アテナイでは、自殺者は都市国家に不正を犯したものとして権利はく奪され、正式の埋葬は許されず、四肢は切断されて埋められたという。[7]

デュルケムは自殺増加についての推論を以下の二つにまとめている。

・従来の諸制度を根こそぎくつがえすような急激な社会変動、代替するような安定的な制度がなく、危機と混乱が支配

・生にたいするペシミズムを助長するような思想や教説が広まり、人々の心をとらえている[8]

幸福を求める現代社会において、私たちは「危機と混乱」「ペシミズムの助長」に支配されていないだろうかと根源的に問うとき、実は現代こそ心の平安はぎりぎりに保たれている人が多いのではないだろうか。

それは自分自身が常日頃、自殺願望の強い人とかかわる仕事をしているからかもしれないが、「わたしも死を考えた」と告白してくる人が驚くほど多いことに気付かされるからである。従って、デュルケムが指摘する二つの「増加原因」は今もなお、解消されていないと見るべきであろう。つまり、「危機と混乱」が支配しており、「生にたいするペシミズムを助長」しているのが今の世の中だとすれば、それを支えているのはメディアだと考えさせられてしまう。

自殺や、自殺を考える人たちのケアの仕組みはまだまだ十分ではないことを実感しながら、

これらの、この世とのかかわりを断ち切ろうとする人たちに対しメディアは何をしてきたのだろうか。考えると心もとないが、突然に死を選ぶという「反社会的行為」に対応するためにメディアはどうあるべきであろうか。まずここが原点にある。

統計と近代社会史、政府の取り組み

内閣府及び警察庁の調査[9]によれば、2013年中の自殺者数は2万7283人で、15年ぶりに3万人を下回った前年の2万7858人よりさらに下回った。この15年間は「自殺者3万人時代」ともいわれ、1997年の2万4391人から1998年の3万2863人に急増したことから始まった。ピークは2003年の3万4427人。男女別では常に男性が多く、急増した1998年は男性2万5013人に対し、女性は9850人で男性は女性の倍以上、ピークも同様で男性2万4963人、女性9464人。総じて男性が女性の倍以上という割合になっている。

諸外国との比較では、10万人あたりの自殺者の割合を示す自殺死亡率で先進8国中、ロシアに次ぐ高水準にあるのが日本で、全世界でも8番目の高さになっている。特に日本で特徴的なのは年代別の死因順位で15～39歳の1位が自殺であり、40～49歳でも2位である。青年期や働き盛りの、社会的に最も活発な時期の自殺が多いのである。

2013年に15年間の「自殺者3万人時代」を克服した格好になっているが、それまでの対策は後手に回った印象がある。1996年に世界保健機関（WHO）が「自殺予防のためのガ

イドライン」[10]を公表したが、日本が正式に自殺予防に取り組むのは２０００年３月の「健康日本21」である。２００２年に厚生労働省の自殺防止対策有識者懇談会が「自殺予防に向けての提言」を報告。国会では２００５年に参議院厚生労働委員会が「自殺に関する総合対策の緊急かつ効果的な推進を求める決議」を提出し、翌年に「自殺対策基本法」が全会一致で可決、成立。これにより２００９年に内閣府自殺対策推進室が設置され、その２か月後に「自殺総合対策大綱」が閣議決定し、この大綱に則って自殺者減に向けての施策が進められた。

さらに、２０１２年には大綱の見直しが行われた。大綱の基本理念は「誰も自殺に追い込まれることのない社会の実現を目指す」であり、社会の素因を撲滅することを目標に掲げている。その基本認識としては、

・自殺は、その多くが追い込まれた末の死

・自殺は、その多くが防ぐことができる社会的な問題

・自殺を考えている人は何らかのサインを発していることが多い

がある。これを踏まえて成立した自殺対策基本法は、目的（第一条）で「自殺対策を総合的に推進して、自殺の防止を図り、あわせて自殺者の親族等に対する支援の充実を図り、もって国民が健康で生きがいを持って暮らすことのできる社会の実現に寄与すること」とし、基本理念（第二条）は以下４項目に絞っている。

１　自殺の背景に様々な社会的要因があることを踏まえ、社会的な取組として実施

２　単に精神保健的観点だけでなく、自殺の実態に即して実施

3　自殺の事前予防、自殺発生の危機への対応、自殺の事後対応の各段階に応じて実施
4　様々な機関や団体の密接な連携の下で実施
これより実際の行動としての9項目は、
1　自殺の実態を明らかにする
2　国民一人ひとりの気づきと見守りを促す
3　早期対応の中心的役割を果たす人材を養成する
4　心の健康づくりを進める
5　適切な精神科医療を受けられるようにする
6　社会的な取組で自殺を防ぐ
7　自殺未遂者の再度の自殺企図を防ぐ
8　遺された人への支援を充実する
9　民間団体との連携を強化する
この中で、6の「社会的な取組」については、
・地域における相談しやすい体制整備の促進
・多重債務者、失業者の相談窓口の充実
・ホームドア・ホーム柵の整備の促進
・インターネット上の自殺関連情報対策の推進
・インターネット上の自殺予告事案への対応等

・介護者への支援の充実
・いじめ電話相談等の体制整備等、いじめを苦にした子どもの自殺の予防
・児童虐待や性犯罪・性暴力の被害者への支援の充実
・生活困窮者への支援の充実
・報道機関に対する世界保健機関の手引きの周知

と具体策が示されている。これだけラインアップがあるのに、心もとない印象がある。ジャーナリストの斎藤貴男は「総じて抽象的で具体性に乏しい、本気でやる気があるのか疑わしく思える等々、批判するのはたやすい[11]」としながら、自殺の現場からの声に耳を傾けながら、自殺者の減少に向けた可能性に未来を見出している。

自殺を食い止めるという目的は究極のケアに位置づけられるのだが、国の考え方を明文化すると、どうしても乾いた印象になってしまう。政府は管理者としての宿命があるにせよ、法律には国民に浸透するための言葉が見つからないからだ。

つまり、メディアにおいて、人を救うために届ける言葉がないという印象だ。このことを問題意識として提示したい。

メディアの役割――自殺の扱い方

斎藤が著した本のタイトル『強いられる死』が示すように、これらの自殺は「強いられた死」なのだろうか。日本社会で自殺は簡単に受け入れられないことが一般的な見解である。要因が

あっての結果であるから、その要因こそが「悪」とされるケースが多い。

その要因について斎藤は『強いられた死』で、パワーハラスメントや過重労働などの労働現場などのミクロな視点、小泉純一郎首相（当時）による郵政民営化に象徴される効率性を求めるマクロな経済活動が誘因する労働問題の視点、多重債務や閉ざされた教育、自衛隊に焦点を当てた。

これらは「私たちの問題である」と自殺に携わる人々が口にする文句であるが、一般家庭に直接的に情報を伝えるテレビをはじめとするマスメディアは積極的に自殺を報じてこなかった。自殺は社会を映し出す鏡であるにもかかわらず、タブー視することで連鎖を食い止めるという方針を絶対化し、それによって、自殺という社会的現実を覆い隠し、結果的に自殺者及び遺族が肩身の狭い社会をつくり上げることになってしまった。

報道の在り方については、WHOが2000年に自殺防止を目的に勧告した「自殺を予防する自殺事例報道のあり方[12]」を基準に考えられている。

この中に「するべきこと」と「するべきではないこと」が明記されており、以下がその内容である。

するべきこと
・事実の公表について医療保健分野の専門家と密接に連携する
・自殺は成功ではなく完遂と呼ぶ

・関連する情報だけを紙面の中の記事として公表する
・自殺に代わる手段があることを強調する
・電話相談や地域の支援機関に関する情報を提供する
・危険指標や危険信号について周知させる
するべきではないこと
・写真や遺書の公開
・具体的で詳細な自殺手段の報告
・単純化した理由付け
・自殺の美化、扇情的な扱い
・宗教的な固定観念や文化的固定観点を用いること
・悪人の詮索[13]

これらの勧告の中で「するべきではないこと」について、概ねメディアは勧告に則っているが、ひとたびその自殺が「社会的」な意味合いを帯びてくると、この勧告は簡単に無視されてしまう傾向がある。名前や写真が公表される際の自殺報道は、社会的にインパクトが大きいニュースである。そのため、自殺報道について勧告に則り自粛していたとしても、大きな自殺ニュースが一つでもあることで、それは結果的に美化や扇情的になる可能性がある。

これを防止するためにも、常日頃から「するべきこと」を継続する必要があると思われるが、メディアにその努力が見られないのが現状だ。医療領域や社会と連携することに対し、メディアの消極的な姿勢が顕在化しており、連携が完遂できるとは思えない。個人情報保護を理由にメディアも医療もそれぞれの情報を開示することに抵抗もあるのだろう。さらに、先のＷＨＯの勧告は「自殺予防に向けた学校の教職員のための資料[14]」と同時に発表されたもので、教育分野での取り組みが一体となってさらなる効果が期待できると思われるが、自殺予防に関して報道と教育の連携はまだ未整備の状態といえるだろう。

2　精神科の患者約４１９万人の動向

精神科の患者とは何か

自殺と精神疾患には密接な関係がある。政府の自殺対策でも精神科医との連携が示されており、自殺に至る人に何らかの心の問題が存在することは明らかである。従って自殺とともに精神疾患の概況をとらえることもまた、社会におけるケアの必要性を浮き彫りにすることにつながる。ここで、精神科の患者とメディアとのかかわりに問題がなかったのかも検討するべきテーマとなる。

精神疾患とは、医学的にみれば、まず疾患の定義である「一定の原因、一定の過程、一定の症状をもち、さらに一定の経過を辿って一定の予後が予見される一つの単位」を満たす必要があるのだが、実際にこのような条件を満たす精神疾患の単位はほとんど存在しないために、実際の精神医学では、平均から多少とも偏りがある精神状態を包括して精神障害と呼ぶ。その中で医学的な治療（薬物療法など）が必要なものを漠然と精神疾患と呼んでいるようである。[15]

「精神疾患」と「精神障害」の区別は曖昧であるが、「障害」には、結果として生じる生活上の困難があり、ＷＨＯの国際障害分類（１９８０年）では、以下の三つの分類を示している。

・機能障害――身体もしくは精神的に変調をきたしていることを表す概念

・能力障害――機能障害をもつ個体が、その時々の環境において示す能力上の問題を表す概念

・社会的不利――能力障害をもつ個体と社会に期待される行為の間の隔たりによって惹起される不利益を表す概念[16]

これらの分類並びに概念の基本は精神科の患者を取り上げるときに、基底となる重要なポイントであり、一つひとつの病状に着目すると、それぞれに「機能障害」「能力障害」「社会的不利」がある。特に「社会的不利」に関しては、世間に流布された情報により被るものも少なくない。これこそがメディアが関係する部分となる。

特に代表的な精神疾患である統合失調症は原因が不明である点からも「分かりにくさ」からイメージが先行している代表的な例であろう。医学上の定義では「思考と知覚の根本的で独特なゆがみ、状況にそぐわないか鈍麻した感情によって特徴づけられ、症状としては幻覚、妄想、

精神運動興奮など陽性症状と、感情の平板化、思考の貧困、意欲の欠如などの陰性症状が認められる」[17]となる。本書では精神疾患を個別ではなく全体的に大きくとらえ、治療を受ける人が精神医療機関において増加傾向にあることに注目する。

厚生労働省は2013年、社会保障審議会医療部会の審議結果を受けて、地域医療の基本方針となる医療計画に盛り込むべき疾病として指定してきた従来の「4大疾病」(がん、脳卒中、心臓病、糖尿病)に精神疾患も加えて、「5大疾病」とした。うつや認知症などの精神疾患に罹患する患者数は4大疾病をはるかに上回る現状である。厚生労働省の統計によると、精神疾患の外来患者数と入院患者数の合計は、20年前の1996年に約218万人、1999年は約204万人、2002年は約258万人、2005年は302万人、2008年は323万人、2011年は320万人(この年は宮城県の一部と福島県を除いている)、2014年は約392万人、2017年は約419万人。

内訳は、多い順からうつ病(双極性障害を含む気分障害)、不安障害(神経症性障害、ストレス関連障害及び身体表現性障害)、統合失調症(統合失調症型障害及び妄想性障害)、認知症(血管症など、アルツハイマー病)。近年で増えているのはうつ病と認知症である。

ここから日本での取り組みを概観したい。精神保健の国家資格である「精神保健福祉士」のための公式テキストである「精神保健の課題と支援」によれば、米国から始まった国際的な精神保健に関する取り組みは日本での運動につながった。日本の精神保健活動に大きな影響を与えたのは、米国の精神保健運動の創始者ビアーズ[18]である。彼は、躁うつ病に罹患し、精神科病院の入退院を繰り返し、入院時の人権侵害の経験をもとに『わが魂にあうまで』を１９０８年に出版し、全米や世界の世論に大きな影響を与える。これが現在に続く世界精神保健連盟設立につながる。これは後述する「当事者」の力の結果と考えられる。ビアーズ自身が重い躁うつ病を罹患し、閉鎖的な精神科病院の様子を告発しながら、発信をし、仲間を増やし展開していった過程は現在も社会運動を展開するとき最も有効なプロセスである。

この運動が日本にも波及し、１９２０年に東京帝国大教授の呉秀三[19]が初代会長となる「日本精神病医協会」が発足した。１９００年の精神病者監護法における私宅監置について、呉は全国３６４の監置場所を調査し、同法の廃止と精神科病院の設置を要求し、１９１９年に精神病院法が公布された。これが１９５０年発足の日本精神衛生会の活動につながり、１９８７年からは日本精神保健会議が開催されることになる。

さらに精神保健の枠組みの中では、それぞれのニーズに適った活動・団体が設立、展開された。「日本禁酒同盟再建」（１９４９年）、「全国精神障害者家族連合会」（１９６５年）、「全日本断酒連盟」（１９６３年）、「いのちの電話」（１９７１年）、「東京精神医療人権センター」（１９８６年）などが代表例であろう。最近では当事者活動も活発化しており、支援者が中心に活動する段階から当事者が自ら声をあげ、その声に従って関係者が支援するスタイルも形成されつつある。

これら活動の活発化は、潜在しがちな精神疾患の問題を社会に示す機会ともなり、社会の啓蒙につながっている。同時に、これらの活動が社会に出れば出るほど、メディアは社会の誤解や偏見への対応に迫られることになる。精神保健とメディアの関係は何かしらの事件によって引き起こされるケースを繰り返してきており、いわばそれは偏見の歴史をつくったともいえよう。

オルポートは、偏見とは「充分な証拠なしに他人を悪く考えること[20]」とし、「根拠のない判断について述べている点と、感情的なひびきについて述べている点[21]」の2点が本質的要素だという。オルポートはこれが否定的偏見についてのみ語られているために、定義は不十分だとしているが、精神疾患報道の場合、この定義で十分であろう。偏見の特質を考えると、根拠がなくても、否定的な判断は絶対化していくから、正しい知識は排除されてしまう。これが、精神科の患者が直面するスティグマ＝集団から持たれる印象や評価となる。

それは世界的な問題であり、欧州委員会が２００８年、ハイレベル会合で策定した「欧州のメンタルヘルスと福利に関する綱領」(European pact for mental health and well being)では、主要5項目の一つとして「スティグマとのたたかい、人々の社会的統合」を挙げた。内容は「精神疾患患者を疎外しないためのマスコミ、学校、職場での啓もう活動を支援する」「メンタルヘルスに対する一般社会の認知度を引き上げる措置を講じる」「患者およびその家族、介護者の意向をメンタルヘルスに関する政策や意思決定に反映させる」であるが、マスコミの動きを見る限り切迫感は感じられない。また前述の「精神保健の課題と支援」でも、具体的三つの手法として「啓発・広報活動」「疾病理解教育」「福祉教育」を掲げている。

しかしながら、その手法を示したとしても、メディアが機能しなければ、市民への浸透はなしえない。根強い偏見を払しょくするには、病との闘いや苦悩を公表することや、メディアによる大きな伝達力と伝播力が必要になってくる。今度はメディアがその機能を果たせるかという機能の問題となってくるが、その前に、日本の福祉システムを概観する。

広井は日本の福祉システムの特徴として以下を挙げている。

1　戦前における未整備の後、戦後占領政策のなかで英米系の制度が導入されたが、「社会保険中心に社会保障を組み立てる」との方針のもと、公的扶助（生活保護）を含めきわめて限定的な範囲のものとして位置づけられたこと

2　その結果、社会保険の制度が多分に「福祉」的な（＝低所得者対策としての）要素を含むとともに、高齢化の進展のなか、「医療」が「福祉」を引き受ける傾向（社会的入院など）が顕著となっていったこと

3　急速な高齢化と「後期高齢者」の増加を背景に、高齢者介護システムを含め、迅速な整備と社会保障制度全体の再編が求められていること

4　こうして立ち遅れてきた福祉の分野が高齢者介護を中心に急拡大しているが、今後はより広い意味での「対人社会サービス」としての充実が強く求められていること[22]

つまり日本の社会福祉は高齢者福祉を中心に限定的な領域で位置づけられ、メンタルヘルスに関する確固たる位置づけがなされないまま、時が経過している現状である。この環境の中に

あっては、精神保健分野において、マスメディアも成長する術もないであろう。

精神分裂病から統合失調症へ――名称変更の取り組み

日本では精神病者監護法下で私宅監置を施行し、精神疾患の患者を家庭以外には出さない雰囲気をつくり上げてきたことにより、患者の社会との融合は進まず、私宅監置が廃止されてからも、私宅は精神病院に代わっただけで、患者を隔離する政策には変わりがないのが実態である。

この間、メディアの積極的な役割は感じられず、むしろ「精神分裂病」という表現で患者への差別を固定化もしくは助長することには貢献したものの、人間の尊厳に立ち返って、彼らが「普通の権利」を持つことへの思想は貧困だったといわざるを得ない。

呼称についても、公益社団法人日本精神神経学会の説明によると、「同学会は2002年8月、1937年から使われてきた『精神分裂病』という病名を『統合失調症』に変更することに決めた。それに伴い、厚生労働省は精神保健福祉法に関わる公的文書や診療報酬のレセプト病名に『統合失調症』を使用することを認め、同年8月に各都道府県・政令都市にその旨を通知した[23]」とある。これに伴ってメディア業界が精神分裂病を統合失調症に変更する作業を進めたが、この変更は、学会の決定の前段階として当事者家族の声から始まった事実がある。

つまり「今回の呼称変更は、全国精神障害者家族連合会が日本精神神経学会にその変更を要望したのが契機となった。1993年のことで、『精神が分裂する病気』というのはあまりに人格否定的であって本人にも告げにくい、変えて欲しいという主旨であった。同学会は1995年に小委員会でこの問題を取り上げ[24]」たことから正式な議論が始まった。結果的に「2000年に発足した新理事会ではこの問題を重視し、呼称変更のための特別委員会と拡大特別委員会を設置した。その後、家族会アンケート、一般市民からの意見募集、公聴会などを行い、新しい呼称候補を三つに絞った。2001年7月よりこの呼称候補三つに関するアンケートを実施し、同委員会は2002年1月の理事会に『統合失調症』への呼称変更を提案し、理事会が承認し、6月の評議員会でこれを議決し、同年8月の総会で正式に決定した[25]」に至るのである。

当事者・家族の声が専門分野での最高権威となる学会を動かし、結果的に中央官庁に変更を促し、メディアが追随する格好となった。この経緯にメディアは「報道」として学会の議論を伝えることはあっても、主体的な役割を果たすことはなかったのである。

精神科の患者と報道――ライシャワー在日米国大使刺傷事件

精神科の患者の報道について、日本のメディア姿勢を顕著に表しているのが1964年の東京港区の在日米大使館で発生した「ライシャワー米大使刺傷事件」であろう。

これはその年の10月に東京五輪開催を控えた3月24日正午ごろに発生した。朝日新聞同日付夕刊での見出しは「ライシャワー米大使刺さる　19歳の〝異常少年〟逮捕[26]」と伝えた。少年は今でいう統合失調症であった。同紙は「自分は目が悪くて進学もできず、思うような職業になかなかつけなかった。社会施設も十分でないので目の治療もできない。この原因はアメリカの占領政策と教育方針が悪いからだ」[27]と少年の供述を伝えた。読売新聞も同日付夕刊トップで、犯行は「精神異常者」[28]によるものだと報じた。

この年、日本は東京五輪成功に向けて、戦後復興し再度国際舞台に上り始める高揚感の中にいた。外交関係で最も重視する米国との関係悪化は、そのまま国際社会における国家的失点につながるため、日本は平身低頭、米国に謝り続け、当時の国家公安委員長が「辞任」するなど関係者を処分し国際社会のイメージ低下を抑えようと躍起だった。

同様にメディアも事件を「異常少年」の犯行として、松方正義元首相の孫で日本人である大使夫人のハルさんとともに加害者への寛容さを見せるライシャワー大使の言動を美談にすることに終始していた。重傷を負った大使は「どの国でも精神異常者はいる」「ささいな出来事」[29]とのメッセージを発表し、政治問題化させない姿勢を示したことで、市民の喝采を受けることとなった。

現在の人権の観点からは、考えられないことであるが、事件翌日の朝日新聞朝刊の「天声人語」には以下のような主張が掲載された。


春先になると、精神病者や変質者の犯罪が急にふえる。毎年のことだが、これが恐ろしい。危険人物を野放しにしておかないように、国家もその周囲の人ももっと気を配らなければならない。[30]

つまりこの時、私宅監置制度は過去の話であるはずなのに、まるで周囲の家族が管理をしなければいけないとの指摘にもとれる。これほどにメディアは精神疾患を危険視し、患者への人権配慮がなかったのだと思い知らされる。現在でも猟奇的な殺人事件などでは、容疑者の病歴報道や実名、取り扱いなど報道の在り方について常に議論がなされるが、センセーショナリズムに汚染されたメディアで、冷静に「精神疾患」を取り上げる方法はいまだに確立されていない。

ファーセットの報告[31]によると、米カリフォルニア大学バークレー校心理学科のスティーブン・ヒンショー教授は、「心理学や医学を専門に学んだことのない人間の多くは、双極性障害や統合失調症、うつ病などの精神疾患に関する知識を、テレビや新聞、映画などのマスメディアを主な情報源としている」、そして「マスメディアによる精神疾患の描写がネガティブであったり、型にはまっていたり、ひどい場合は完全に間違っていたりする点」を問題とし、「最も悪いステレオタイプは、精神疾患を持つ人間は無能でだらしない、危険である、評価に値しないといったものである。こうした描写が、彼らと我らは違うのだという意識を潜在的に人々に植え付けているのだ」という。

米国の報道では、最大の通信社、AP通信が取材の指針となる「スタイルブック[32]」の2013年版に精神疾患に関するガイドラインが追加された。米ハートフォード大学心理学教授のオットー・ワールの指摘として、メディアが伝える精神疾患の誤ったステレオタイプは以下である。

1　精神疾患を持つ者の多くは犯罪者または暴力的である
2　精神疾患を持つ者は外見が一般とは異なる
3　精神疾患患者は子どもっぽくて滑稽である
4　精神疾患の病状はどれも重大で似通っている
5　精神病院は患者を救うどころか害を与える場所である
6　精神疾患は治らない[33]

以上の6項目は日本のメディアの認識も同様といってもよいだろう。未だ日本社会、とりわけ伝えるべきメディア内部が潜在的に抱えている偏見である。この潜在的意識がある限りはメディアが障害者にとって、そして障害者が暮らす社会に、よい影響を与える希望は見出せない。この問題に切り込めるのが、「メディアが持つ当事者意識」であると考える。メディア視点ではなく、支援者視点で現実や当事者に向き合う活動に着目して当事者に近づく。多くの優れたルポルタージュは、必ず当事者に近い視点で語っていることを考えると、精神疾患に近づけば近づくほど、メディアの伝えるリアリティも周囲からの納得感も高まっていくであろう。これは後述する当事者意識の項で詳しく論じたい。

3　精神保健と社会環境

ストレスチェックへの流れ

精神科の患者は医療機関に通院し、結果的に病名を授けられることによって、自他ともに認める精神的な病のある人となるが、日本における精神疾患に対するイメージの悪さなどから、病を表に出さず隠し事として秘めている人、または自らが病の兆候を感じながらも、病院に行くことで病気と決定づけられることへの心配から、通院への葛藤を抱えている人も少なくない。

企業で働く人の中には、病名がつかないまま働き続けることで、ストレス過多の状態が続き、結果的に回復が難しくなるほどの重症の精神疾患になるケースや、最悪のケースでは自死に至ることもある。企業においては、生産性を重視するばかりに、人の心の状態を顧みないまま、命令による労役だけが優先されてしまうことも少なくない。

企業での働き方や心のストレスへの対応が社会問題となったのは、過労死や自殺の事例が明るみに出て、裁判で企業の責任が問われた結果、企業への賠償義務が認められたことによる影響は大きい。

最近の判決事例では、東芝の技術職員による損害賠償訴訟がある。これは、過重労働によるうつ病で休職していた東芝の元社員が、休業期間満了で解雇されたのは不当だとして、会社を相手に損害賠償などを求めていた訴訟で、２０１６年8月31日の東京高裁での差し戻し審で、奥田正昭裁判長は東芝に対し、差し戻し前の判決の倍以上となる約６０００万円（利息除く）を支払うように命じている。

原告の女性（50）は１９９０年に技術職として東芝に入社し、２０００年から工場で液晶生産ラインの立ち上げに携わり、長時間労働が続き、うつ病を発症。２００１年9月から休養し、東芝は3年の休職期間が満了したとして、２００４年に解雇。女性は同年11月に解雇無効や慰謝料を求めて、東芝を相手に裁判を起こし、一審から約12年経過しての判決となった。

女性は東芝への復職を予定しており、判決後の記者会見では「東芝はメンタルヘルス対策をしていますと公言しているので、きちんとした対応をしていただきたいです[34]」と語った。一方の東芝は、復職後の部署について「協議して決めていきたい[35]」とコメントした。

厚生労働省は、２０１５年4月、前年6月25日公布の「労働安全衛生法の一部を改正する法律」により、新たに設けられた「ストレスチェック制度」の具体的な内容や運用方法を定めた省令（労働安全衛生規則の一部改正）を公布した。告示、指針（心理的な負担の程度を把握するための検査及び面接指導の実施並びに面接指導結果に基づき事業者が講ずべき措置に関する指針）を定めたもので、これを基本に企業・団体が所属する職員らの「心の健康」をチェックすることになり、２０１５年12月に施行された。

この取り組みは自殺者防止の政策にも連動しており、本格的に職場のメンタルヘルスに関して検討しはじめたのが２０００年。同年8月に「事業場における労働者の心の健康づくりのための指針」を通達し、２００２年3月に中央労働災害防止協会の委員会が「職場における自殺の予防と対応」を示した。２００４年には「地域におけるうつ対策検討会報告書」「過重労働・メンタルヘルス対策の在り方に係る検討会報告書」「心の健康問題により休業した労働者の職場復帰支援の手引き」が出され、労働政策審議会が「今後の労働安全衛生対策について」建議するに至った。

２００７年12月には、企業寄りのスタンスに労働者視点を加えた労働契約法が制定され、働き方が多様化するきっかけとなった。同時に、労働者の健康管理にも一定の義務を負う気運の中、厚労省は２００９年に「当面のメンタルヘルス対策の具体的推進について」を通達し、働く人のメンタルヘルス・ポータルサイト「こころの耳」を開設。２０１０年には「職場におけるメンタルヘルス対策検討会」報告書、さらに労働政策審議会が「今後の職場における安全衛生対策について」を建議し、２０１１年に「産業保健への支援の在り方に関する検討会」報告書、そして「労働安全衛生法の一部を改正する法律案」が国会に提出された。民主党政権下での、この改正案は、メンタルヘルス対策の充実・強化が柱になっており、労働者に対し医師や保健師による精神的健康の状況を把握するための検査を行うことを事業者に義務付けた。しかし、法案は衆議院解散のため廃案となり、現行のストレスチェック制度は政権交代後、２０１５年12月に施行された。労働者50人以上の事業所が実施義務を負うことになった。多くの人がストレスをチェックされることで確実に心の問題は一般化していく流れにあるのは間違いない。

各コミュニティにおける「心のケア」

このストレスチェックの実施者について、現行法は「医師または保健師等」とし、一定の研修を受けた看護師と精神保健福祉士が含まれている。大きなポイントは個別のストレス反応や職場要因のスコアから、問題となる労働環境の改善の必要性を検討することにあり、実施者は個人と集団・組織、事業場全体をアセスメントする大きな職務を担っている。

実施者を外部としたことは閉鎖的な企業体質の文化に風穴を開ける効果もあると考えられる。ただ、心の問題を扱ってこなかった中小企業には戸惑いもあり、2015年厚労省は矢継ぎ早に「ストレスチェック制度に関する省令・告示・指針」「心理的な負担の程度を把握するための検査及び面接指導の実施並びに面接指導結果に基づき事業者が講ずべき措置に関する指針（ストレスチェック指針）」改正、「労働者の心の健康の保持増進のための指針（メンタルヘルス指針）」改正、「事業場における労働者の健康保持増進のための指針」改正、「健康診断結果に基づき事業者が講ずべき措置に関する指針」改正を示している。

「心のケア」は職場だけの問題ではない。教育現場では戦後から長年にわたり教職員が対応してきた歴史があるが、不登校問題や児童虐待への対応、子どもの自殺率の高さなどの問題点が指摘され、文部科学省は2007年に有識者による「教育相談等に関する調査研究協力者会議」の審議により、報告書「児童生徒の教育相談の充実について―生き生きとした子どもを育てる相談体制づくり――」を取りまとめた。報告書は、教育現場での課題や小学校から大学における児童、学生に関する問題が多様化かつ深刻化している現状を指摘。各人の悩みも多様化していることから、相談に対応する専門家としてのスクールカウンセラーの活用を提言した。これにより、スクールカウンセラー制度が拡充することになる。また、これに先立つ事例も多く紹介されており、２００５年には文部科学省は、スクールカウンセラー導入後の効果や評価などの状況について、「児童生徒の問題行動等生徒指導上の諸問題に関する調査」の結果を取りまとめた。調査結果を見ると、「不登校児童生徒への指導の結果、登校するようになった児童生徒に特に効果があった学校の措置」では、指導の新たな方法として「スクールカウンセラー等が専門的に指導にあたった」と回答した学校が最も多く、不登校対応での一定の効果が示されていた。教育現場での「心のケア」ももはや教育現場だけで解決できる問題ではなく、専門職の介入により、より具体的な対応が求められる時代となったのである。

これら職場や学校の心に関する問題は、「集団」「組織」というキーワードで括られるため、人が集まる各種コミュニティでも同様の問題事例が考えられる。最近では各学校の保護者と教職員による任意団体、いわゆるＰＴＡ（Parent-Teacher Association）というコミュニティ組織の中での「心のストレス」がインターネットなどで議論されている。ＰＴＡは基本的にボランティア活動であり、個人の善意によって成り立っているが、心のストレスの問題は、人が集団化する際に必ず噴出するといえよう。多くの人々が家庭以外の各種福祉施設や任意の団体、ボランティアや趣味のサークルなどに参加しているため、コミュニティ内の心のケアは国民的な課題であるといえる。このように官民ともに奮闘している心のケアの問題に、メディアがコミットするケースが少ないのが気がかりである。

障害者総合支援法と障害者差別解消法

ここで精神疾患から視野を広げ、「障害」という概念でとらえた全体像を法律から見ていきたい。ケアを語る上で、私たちがケアするべき対象と考えられてきた「高齢者」「障害者」「子ども」のうち、最も多様で全体像の把握が難しい分野である。

障害者とは、1975年第30回国連総会で決議された「障害者の権利宣言」によれば「『障害者』という言葉は、先天的か否かにかかわらず、身体的又は精神的能力の欠如のために、通常の個人又は社会生活に必要なことを確保することが、自分自身では完全に又は部分的にできない人のことを意味する」[36]と定義している。日本では障害者福祉の基本理念を定めた「障害者基本法」で「障害者とは、身体障害、知的障害又は精神障害があるため、長期にわたり日常生活又は社会生活に相当な制限を受ける者」と規定しており、1993年の改定で精神障害者が加えられた。

さらに障害者が地域で幸福に生きられるように定めたのが、「障害者自立支援法」（2006年）から改正により名称変更された「障害者総合支援法」（2013年）である。同法の目的は「障害者基本法の基本的な理念にのっとり、身体障害者福祉法、知的障害者福祉法、精神保健及び精神障害者福祉に関する法律、児童福祉法その他障害者及び障害児の福祉に関する法律と相まって、障害者及び障害児が基本的人権を享有する個人としての尊厳にふさわしい日常生活又は社会生活を営むことができるよう、必要な障害福祉サービスに係る給付、地域生活支援事業その他の支援を総合的に行い、もって障害者及び障害児の福祉の増進を図るとともに、障害の有無にかかわらず国民が相互に人格と個性を尊重し安心して暮らすことのできる地域社会の実現に寄与することを目的とする」[37]である。

障害者支援の政策についての議論を経て、改正では「自立」の代わりに「基本的人権を享有する個人としての尊厳にふさわしい」と明記。障害福祉サービスの給付と地域生活支援事業による支援を「総合的」に行うこととしている。

さらに障害者当事者が悩まされ続けている「差別」「偏見」についても法整備の議論が進み、スティグマや社会での生きづらさの解消に向けて、2016年4月から「障害を理由とする差別の解消の推進に関する法律」（障害者差別解消法）が施行された。

これは国連の「障害者の権利に関する条約」締結に向けた国内法制度の整備の一環であり、内閣府の発表では「全ての国民が、障害の有無によって分け隔てられることなく、相互に人格と個性を尊重し合いながら共生する社会の実現に向け、障害を理由とする差別の解消を推進することを目的」としている。

これは当事者だけではなく、国全体として、特に自治体や事業者にも「合理的配慮」を求めているのが特徴であるが、合理的配慮こそが、今後国民的な議論となることが予想され、その際に果たすメディアの役割の大きさを考えると、メディアのさらなる自覚を求めたいところである。

ノーマライゼーションの気運とともにメディアは、精神科の患者の就労移行も、「働きやすさ」に合理的配慮がなされているかどうか伝えていく必要がある。46人以上の企業に課している2・2％以上の法定雇用率（全従業員に対する障害者の割合）も、達成しない場合の納付金の存在により、企業の担当者には浸透しつつあるが、法定雇用率という数字をクリアするだけのその場しのぎの対応も少なくない。いまだに雇用率の達成企業は全体の約半数（2016年夏時点、厚生労働省調査）という数字はその温度感を示している。

企業は、雇用率の達成度合いを報告する6月1日の数字だけを取り繕っている状況だから、社会や企業内で理解を深めようとの機運は、よほど企業の上層部が福祉政策への明確な考えを持っていなければ、変わらない。理解に向けては当事者意識への気づきも必要であり、当事者意識を持つことは共存社会に向けたプロセスであることも忘れてはならないだろう。この法律の理念である「共生」を本気でやろうとすれば、イタリアのバザーリア法を参考に取り組む方向もある。

バザーリア法（法180号）は1978年、イタリアで制定された法律で、一般的に、同法により次々に精神病院が閉鎖された「精神病院を生み出す社会制度の変革」であった（この取り組みについては、関連映画の紹介とともに後述する）。イタリアの取り組みは全世界に影響を与えているが、日本での影響は「考え方」もしくは各論にとどまっている印象がある。中央官庁や各地方でもスローガンではノーマライゼーションを唱えつつ、制度はいまだ貧弱である。

例えば東京都の障害者就労に関する２０１６年度の「新障害者雇用政策」は、同年に退陣した舛添要一前知事の「肝いり」（東京都担当者）の政策で、企業の文化を一部から変えていこうという理念であり、全国的に先駆けた考えのもとに立案された。これはいまだに私たちの社会は共生社会の「入口」にいることも示しており、障害者の社会でのあり方を変革させるバザーリア法と単純比較はできないものの、その違いを浮き彫りにさせると何かが見えてきそうである。新政策は以下三つであった。

一つ目の「障害者安定雇用奨励事業」は目玉事業で、有期雇用により不安定な障害者の雇用形態を「無期」にすることで、確実な就労定着と生活の安定を目的とし、有期から無期にする企業は１人につき約１２０万円が支給される。国は２％（当時）の法定雇用率の設定で障害者を企業が雇入れることを促進してはいるが、申告する毎年６月までに雇用率を達成させる数字合わせや、定着支援は行われないなどの不誠実な態度も散見され、「企業は長い目で面倒を見られない」[38]（東京都内の中規模建設企業担当者）との本音も聞く。この問題点に斬り込み、給付金制度で一気に定着させてしまう考えだ。１人あたり給付額１２０万円は破格である。既存の制度では、障害者雇用に向けてトイレの改修やスロープの設置など環境整備にかかる助成金はあるものの、雇用形態の転換で使用目的が限定されない給付金は、企業にとってはありがたいはずで、同一年度の上限は10人だから、10人の転換もしくは無期雇用で企業は１２００万円を得ることになる。

二つ目の「職場内障害者サポーター事業」では、企業が行政や関係機関に頼らず自立して障害者支援を行うために、企業の人事担当者や障害者と一緒に働く職場の社員を対象に「職場内障害者サポーター養成講座」を実施する。この講座修了者を「職場内障害者サポーター」として、職場の障害者のサポートを6か月実施した場合、企業に奨励金を支給する仕組みだ。

三つ目の「中小企業障害者雇用応援連携事業」は、障害者雇用に精通した支援員が、国と連携しながら障害者雇用に向けて中小企業を個別訪問し、企業ニーズに応じた情報提供や支援メニューの提案を行う。年間の支援対象企業として300社を見込む。この二つ目と三つ目は、東京都予算で計上され、実際には公益財団法人「東京しごと財団」に委託して実施している。さらに「職場内サポーター事業」は人材派遣大手のパソナが運営を請け負っている。[39]

日本で最も潤沢な予算を持つ自治体の目玉政策ではあるが、生産性重視の企業文化を変えるには、福祉及び当事者の目線をさらに入れる必要があると思うのだが、どこか企業文化に合わせようとしながら結果を求める成果主義的なニュアンスを感じてしまうのは、経済優先の政策を推し進める当時のトップリーダーの影がちらついたからだろうか。

4　精神保健とメディアとのかかわり

事件報道でのミスリード

身体障害、知的障害、精神障害のうち報道においてもっとも議論になるのは、精神障害並びに精神疾患に関する扱いである。特に犯罪報道において、犯罪行為が正常な精神状態にあったかどうかは罪を決定する重要なファクトである。軽犯罪では、被疑者が精神疾患の病歴や入院歴、もしくは精神障害者手帳を保持している場合は、報道しない慣例がある。

しかし大事件の場合は、精神科患者の犯行でも、患者の情報については注意を払いつつ、結果的に大きく情報が展開されることになる。精神科患者の報道に関して、大手新聞各社の初期の報道が「精神障害による犯行」というイメージを広げ、結果的に大誤報となったケースが2001年6月、大阪教育大付属池田小学校でおきた児童殺傷事件である。現場の報告は以下である。

逮捕された男性は過去に何度か精神科病院に入院しており、たいていは統合失調症（当時の呼称は精神分裂病）の診断だった。事件の約2年前には勤務先でお茶に薬剤を入れた傷害事件で逮捕されたが、簡易鑑定をもとに起訴猶予になり、措置入院は39日間で解除されていた。警察の調べに「犯行直前に精神安定剤を大量に服用した」と供述した。

ところが人物像の取材が進むにつれ、病名への疑問が大きくなり、過去の事件で刑罰を免れるために精神病を装っていた疑いが浮上した。精神安定剤の服用もウソとわかった。

そして裁判では、証人出廷したすべての精神科医が、男性が精神病であることも、過去に精神病であったことも否定した。過去に診断した医師たちは「以前の医師が付けていた病名に合わせた」「保険請求のための病名だった」などと証言した。結局、「精神病ではなく、人格障害であり、身勝手な犯行」という一審判決が確定し、死刑が執行された。[40]

読売新聞大阪本社科学部の原昌平は、この経過から学ぶべきものとして「精神科医の診断も、簡易鑑定に頼った検察の判断も、容疑者の供述も、そのまま信用してはいけない――ということだろう」[41]とまとめ、さらに「メディア側に『横並びの競争意識』が強く、『心の闇』をあわてて究明しようとすること、動機のわかりにくい事件を精神障害のせいにしがちなことが、『結果的誤報』を誘った面もある」[42]と指摘した。

精神疾患に対する偏見が残り、初報のインパクトが社会的な衝撃として伝播しやすい世の中において、「精神疾患」による犯行報道はあまりにも代償が大きいミスリードだった。原が指摘するように、いまだに日本の報道では「精神障害のせい」にする傾向があるならば、それは事実に焦点を当てるべき職業的使命から離れた幼稚な所業である。特に犯罪報道では、横並び意識はなおも残っている傾向があり、あらたな誤報が発せられる素地は残ったままである。
　東京大学の小池進介らの研究グループは、１９８５年1月1日から２０１３年12月31日に朝日新聞、産経新聞、毎日新聞、読売新聞で記載された新聞記事２２００万件から、「精神分裂病」「統合失調症」「うつ病」「糖尿病」を見出しもしくは本文に含む5万件を、テキストマイニング手法を用いて検討した。その結果、「精神分裂病」から「統合失調症」に病名が変更された後は、「精神分裂病を使用する記事はほとんどなく、統合失調症の偏見・差別の減少に一定の貢献をしていると示唆されました」という。しかし病名変更後も「統合失調症」を含む記事は、犯罪に関連づけされる傾向が続いていたことを指摘している。[43]
　犯罪報道は特に各社の競争の中でスピード感が求められ、衆目が集まる情報提供に強いストレスがかけられているのかもしれない。しかし精神疾患に関する報道については、精神疾患についての見識を深め、事実に即した報道が求められ続けている。

共生するメディアのユニバーサルデザイン

　モノに関する考え方において、誰にでも使い勝手のよいものにする「ユニバーサルデザイン」の認識は広く社会に浸透してきたといえる。この中にあって、障害者に関するメディアについては、受け手側の障害者が情報をスムーズに受け取れる環境整備も重要な課題の一つである。特に視聴覚障害者向けの放送は、技術的にも可能となってきており、さらなる普及が進められている。

放送法は「国内放送等の放送番組の編集等」第4条第2項で「放送事業者は、テレビジョン放送による国内放送等の放送番組の編集に当たっては、静止し、又は移動する事物の瞬間的影像を視覚障害者に対して説明するための音声その他の音響を聴くことができる放送番組及び音声その他の音響を聴覚障害者に対して説明するための文字又は図形を見ることができる放送番組をできる限り多く設けなければならない」と明記しており、視聴覚障害者向け放送の拡充は法的義務でもある。

現在のところ、視聴覚障害者向け放送には、聴覚障害者向けの「字幕放送」と視覚障害者向けの「解説放送」があり、一部では手話放送も用いられている。字幕放送は、画面上のセリフやナレーションなどの音声情報を文字にして画面に表示する放送サービスで、最近では、音を出せない場所でのテレビ視聴や、高齢者のテレビ視聴を補助する手段としても利用されている。デジタル化に伴いほとんどのテレビ受信機が対応しており、テレビのリモコンで字幕ボタンを押すと、テレビ画面に字幕が表示される仕組みである。解説放送は、出演者の表情や情景描写など映像に関する説明を副音声によるナレーションで伝える放送サービスである。これは解説放送付きの番組を視聴している時にテレビの音声を「副音声」にすると利用ができる仕組みである。

総務省は2007年に策定した、「視聴覚障害者向け放送普及行政の指針」に基づき、2017年度までの視聴覚障害者向け放送中の「字幕放送」「解説放送」の普及目標値を定めた。字幕放送については、NHK（総合）と在京キー5局であるTBS、日本テレビ、テレビ朝日、フジテレビ、テレビ東京の対象の放送番組のすべてに字幕付与、解説放送については、対象の放送番組の10％に解説付与（NHK教育は15％）と定めているが、「デジタル放送時代の視聴覚障害者向け放送の充実に関する研究会（座長：高橋紘士国際医療福祉大学大学院医療福祉学分野教授）」の検討の結果、行動指針を見直し、以下が概要である。

字幕放送
・NHK、地上系民放及び放送衛星による放送（NHKの放送を除く）において、大規模災害時等緊急時放送については、できる限り全てに字幕付与することを新たに目標とする
・NHKにおいて、災害発生後速やかな対応ができるように、できる限り早期に、全ての定時ニュースに字幕付与することを新たに目標とする

解説放送
・普及目標の対象番組（権利処理上の理由等により解説を付すことができない放送番組を除く全ての放送番組）について、明確化を行う

手話放送
これまで目標の無かった手話放送について、新たに次の目標を策定する。
・NHKにおいては、手話放送の実施時間をできる限り増加させる
・放送大学学園、地上系民放、放送衛星による放送（NHKの放送を除く）、通信衛星による

放送及び有線テレビジョン放送においては、手話放送の実施・充実に向けて、できる限りの取り組みを行う[44]

この目標に向け各社は整備を進めており、総務省の統計によると２０１４年度と２０１７年度の実績は以下の通りである。

【字幕放送の総放送時間に占める割合】
２０１４年度
ＮＨＫ（総合）　75・９％
ＮＨＫ（教育）　62・７％
在京キー５局　57・５％
２０１７年度
ＮＨＫ（総合）　85・３％
ＮＨＫ（教育）　74・１％
在京キー５局　61・４％
【解説放送の総放送時間に占める割合】
２０１４年度
ＮＨＫ（総合）　10・０％

NHK（教育）　13・7％
在京キー５局　２・３％[45]
２０１７年度
NHK（総合）　13・５％
NHK（教育）　16・８％
在京キー５局　５・３％

実績は確実に伸び続けており、今後さらなる拡充が求められると同時に、災害対応としてテレビメディアが果たす情報ツールとしての役割を考えた上でのユニバーサルデザインが求められている。

　また新聞では、毎日新聞社大阪本社が発行する視覚障害者向けの「点字毎日」が１９２２年に創刊し現在も続いている。これは新聞社が発行するものでは世界で唯一の点字による週刊新聞とされる。同社の説明では「毎日新聞本紙を点字化したものではなく、視覚障害者に関連のある福祉、教育、文化、生活などさまざまな分野のニュースを独自に取材・編集し、発行している」[46]もので、初代編集長は全盲の中村京太郎。中村は創刊号で「発刊の目的は、失明者に対して自ら読み得る新聞を提供し、本社発行の各種の新聞とあいまちて、新聞の文化的使命を徹底せしめんとするにほかありません。かくして、一方には盲人に対し、一個の独立せる市民として社会に活動するに必要な知識と勇気と慰安とを与え、他方には、これまで盲人に対して眠れる社会の良心を呼び覚まさんとするにあります」[47]と、その理念を示す中で、「知識」「勇気」「慰安」を与えるという当事者ならではの思いが込められている。現在の点字毎日は、毎週日曜付で発刊され、A４判60ページ、１年で２万円の購読料だが、地域によって購読費助成制度のある自治体もあり、視覚障害者にとって伝統のある貴重な情報源となっている。

「ケア」用語の頻出増加とメディアの関係

従来の広く認識された意味における「ケア」を取り巻く社会環境とメディア状況の外観を見てきたが、ここで「ケア」という用語を新聞各紙はどのように扱ってきたかを簡易的に検証したい。

朝日、読売、毎日、日本経済の各新聞社の検索サイト[48]を利用し、「ケア」の文言を１９８７年10月終わりから１年間の頻出回数を調べた。結果的に、「スキンケア」「オーストラリアのケアンズ」なども件数に入ってくるために、すべてが本書で意味するケアではないにせよ、概ねの傾向が見出せる。

調査の結果、「ケア」の文言が入り始めたのは80年代後半からで、「スキンケア」等の複合的な要素での出現から始まる。現在の意味でのケアが使われはじめるのは、高齢化社会に対応するための介護保険制度成立の過程からであった。１９９７年、国会で制定された介護保険法は、２０００年４月１日から施行された。ドイツの介護保険制度をモデルに導入された制度は、全国民からの保険料徴収を基本にしており、新たな負担に世論の反発も予想され、措置として半年間の周知期間を経て、同年10月から半額徴収を開始。2001年10月から全額徴収となった。この間の周知にはケアの必要性を厚生労働省側は訴え、メディアも制度に関する記事でケア文言の頻出が急増したことにつながった。

特に読売新聞は「『医療に強い』という評価を得ています」と自社が誇るように[49]、比較的医療記事が多い。朝刊の長期連載「医療ルネサンス」は1992年9月にスタートし、連載回数が6000回を超えており、同社は「心と体に優しい医療」の実現を願うのが趣旨とされ、必然的に「ケア」文言も多用されており、介護保険時代に頻出度合いが極端に伸びたのも「伝統」によるものだと、解釈できるであろう。

介護保険制度法の第一条では「加齢に伴って生ずる心身の変化に起因する疾病等により要介護状態となり、入浴、排せつ、食事等の介護、機能訓練並びに看護及び療養上の管理その他の医療を要する者等について、これらの者が尊厳を保持し、その有する能力に応じ自立した日常生活を営むことができるよう、必要な保健医療サービス及び福祉サービスに係る給付を行うため、国民の共同連帯の理念に基づき介護保険制度を設け、その行う保険給付等に関して必要な事項を定め、もって国民の保健医療の向上及び福祉の増進を図ることを目的とする」とあるから、「共同連帯の理念」を浸透させる必要があったと解するべきであろう。この政府の意向を受けて、メディア自身が社会での議論を深めようという動機が相まってケアの文言は高水準を位置し、結果的に一般社会の日常的な言葉になったといえる。

介護保険制度に関する頻出を中心に見ると、それ以前の1995年は阪神淡路大震災、20

05年はJR福知山線脱線事故、2011年には東日本大震災で、小さな増加が見られ、これら事件とケアの頻出は対応していることが分かった。2016年にも増加傾向だが、これも熊本地震の影響が大きい。以下が件数をまとめた実績表と折れ線グラフである。

次章で詳しく「ケア」を見ていこう。

ケア頻出実績表（前年11月から10月末まで）

年	朝日	読売	毎日	日経
1987	99	182	33	146
1988	259	237	45	153
1989	359	189	42	160
1990	357	252	145	194
1991	351	295	201	182
1992	417	414	228	224
1993	437	368	258	225
1994	581	392	450	267
1995	946	784	885	353
1996	982	831	1,086	394
1997	1,549	686	1,239	395
1998	1,575	714	1,309	374
1999	2,333	1,930	1,951	530
2000	2,707	2,977	2,256	696
2001	2,218	2,216	1,734	580
2002	1,759	1,792	1,426	538
2003	1,748	1,894	1,392	562
2004	2,035	1,893	1,592	742
2005	2,069	2,037	1,641	729
2006	1,902	1,770	1,420	654
2007	2,048	2,015	1,681	785
2008	1,887	1,858	1,496	658
2009	1,892	1,699	1,526	644
2010	1,949	1,640	1,495	696
2011	2,388	2,196	2,140	807
2012	1,859	1,705	1,377	734
2013	1,967	1,805	1,390	835
2014	1,945	1,746	1,581	931
2015	1,988	1,708	1,549	1,042
2016	2,062	1,778	1,768	1,039
2017	1,957	1,690	1,704	1,239
2018	1,882	1,715	1,585	969
2019	1,651	1,517	1,229	918

※2019年は12月22日まで

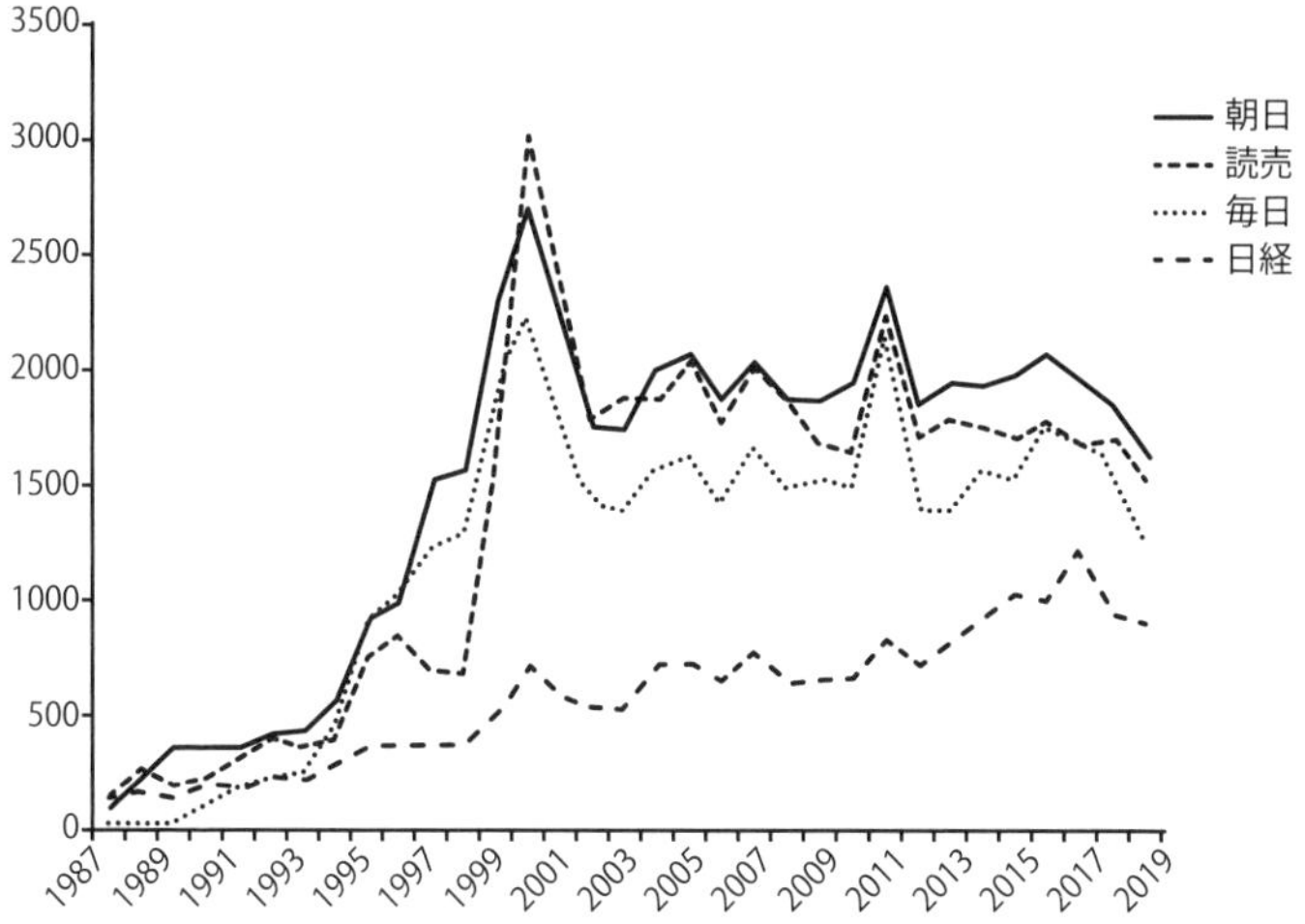

上記数値を折れ線グラフ化したもの　筆者が調査・作成（2016年12月）

注記

1　E・デュルケム著、宮島喬訳『自殺論』（中公文庫、１９８５年、２４７頁）

2　前掲書、２４８頁

3　前掲書、同

4　前掲書、３００頁

5　宮島喬『デュルケム自殺論』（有斐閣新書、１９７９年、１１９頁）

6　前掲書、１５８頁

7　前掲書、同

8　前掲書、１８１頁

9　毎年実施の調査で、内閣府や警察庁のホームページに発表資料が公表。各都道府県でも詳細な発表が行われている。以下は警察庁のホームページに掲載されている年次推移 https://www.npa.go.jp/safetylife/seianki/jisatsu/H26/H26_jisatunojoukyou_03.pdf

10　“Prevention of Suicide: Guidelines for the Formulation and Implementation of National Strategies” WHO, 1996

11　斎藤貴男『強いられる死　自殺者三万人超の実相』（角川学芸出版、２００９年、２４１頁）

12　“Preventing Suicide, A resource for media professionals” WHO, 2000

13　前掲文書

14　“Preventing Suicide, A resource for teachers and other school staff” WHO, 2000

15　加藤正明、保崎秀夫、笠原嘉ほか編『新版精神医学事典』（弘文堂、１９９３年、４５２頁）

16　日本精神保健福祉士養成校協会編『精神保健の課題と支援第2版』（中央法規、２０１６年、46頁）

17　前掲書、47頁

18　Ｃ・Ｗ・ビアーズ（１８７６-１９４３）が最初に設立した団体は、１９０８年の米コネチカット州での「精神衛生協会」で、その後全米と米国に広がることになる。

19　くれ・しゅうぞう　１８６５年-１９３２年、日本の精神病学の創立者。日本最初の精神衛生団体、「精神病者慈善救治会」や「日本神経学会」を創立。

20　Ｇ・Ｗ・オルポート著、原谷達夫・野村昭訳『偏見の心理』（上巻）（培風館、１９６１年、５頁）

21　前掲書、５-６頁

22　広井良典『日本の社会保障』（岩波新書、１９９９年、80-81頁）

23　公益社団法人日本精神神経学会ホームページ、呼称変更の経緯（２０２０年９月６日）https://www.jspn.or.jp/modules/activity/index.php?content_id=58

24　前掲ＨＰ

25　前掲ＨＰ、呼称変更の経緯（２０２０年９月６日）

26　１９６４年３月24日付朝日新聞夕刊トップ記事（東京本社版）

27　前掲新聞

28　１９６４年３月24日付読売新聞夕刊トップ記事（東京本社版）

29　１９６４年３月25日付朝日新聞１面（東京本社版）

30　１９６４年３月25日付朝日新聞「天声人語」

31　Kirstin Fawcett "How Mental Illness is Misrepresented in the Media" US.News Wellness, April 16.2015（２０１６年12月28日アクセス）http://health.usnews.com/health-news/health-wellness/articles/2015/04/16/how-mental-illness-is-misrepresented-in-the-media

32　Associated Press "2013 AP Stylebook" AP, 2013

33　前掲ＨＰ

34　ウエブサイト「弁護士ドットコム」２０１６年８月31日、https://www.bengo4.com/c_5/c_1626/

n_5062/（２０１６年12月29日アクセス）

35　前掲ＨＰ

36　大塚達雄他『入門社会福祉』（ミネルヴァ書房、２００1年、２０1頁）

37　障害者総合支援法、目的

38　東京都千代田区に本社がある塗装メーカーの障害者雇用担当者から直接聞き取り（２０１６年8月21日）

39　２０１６年度東京都予算報道資料等を参照し担当部署への確認をもとに作成

40　原昌平『アンチスティグマ：社会を動かす当事者とメディア』（第１０３回日本精神神経学会総会シンポジウム、精神経誌１１０巻5号、２００８年、１２7-１２８頁）

41　前掲論文、１２８頁

42　前掲論文、同

43　Shinsuke Koike, Sosei Yamaguchi, Yasutaka Ojio, Kazusa Ohta, Shuntaro Ando "Effect of name change of schizophrenia on mass media between 1985 and 2013 in Japan: A text data mining analysis" Schizophrenia Bulletin,2013

44　総務省「視聴覚障害者向け放送普及行政の指針見直しの概要」（２０１２年）

45　総務省「平成26年度の字幕放送等の実績」（２０１５年11月11日）

46　毎日新聞ホームページ会社案内『点字毎日』http://www.mainichi.co.jp/co-act/tenji.html（２０２０年９月６日アクセス）

47　前掲ＨＰ

48　各新聞社の検索サイトは以下を利用した。朝日―聞蔵Ⅱビジュアル、読売―ヨミダス歴史館、毎日―毎索、日本経済―日経テレコン21

49　読売新聞ホームページ「会社案内　報道の重点と実績」

第2章
ケアとは何か

1　定義と歴史

哲学から倫理へ

前章でケアが必要な社会状況として、自殺者や精神障害者を見てきたが、「ケア」とは一体何だろうか。官製による誘導で形づくられたイメージや、マスメディアが流布したイメージは、私たちの社会のニーズに合致した地点で、言葉は固定化し普遍化していく。日本では高齢者ケア、在宅ケア、ケアマネージャー、ケアプラン、ケア住宅、こころのケアなどの文言で広く浸透している。場合によっては、それが本来の意味と違ってくる可能性もある。そもそも言葉としての「ケア」は外来語であり、それが日本の文化に適合し定着したに過ぎない。この定着は、ケアの狭義の意味が広く浸透している結果となっている。

広井はケアの意味を大きく三つに分類している。第一が「配慮、気遣い」という広い意味で、この場合は人が他人を「気にかける」ことはすべて「ケア」に含まれる。さらにそのケアは「髪をケアする」など、対象は人に限らない。第二は、中間的な、少し限定された内容で、「世話」に相当する意味である。第三が最も狭義の医療や福祉分野に特化された意味であり[1]、日本での高齢者ケアを中心とした言葉がここにあてはまるといえよう。

つまり、日本で広く認識されている「ケア」は狭義であり、広義の意味は、西洋社会の歴史や背景から考えなければならない。

一つの源泉として古代ギリシアのアリストテレス哲学に「ケア」という言葉を見出すことができるのは、後で論じる公共哲学の点から有効である。

古代ギリシアにおいて都市国家（ポリス）のうちアテナイは富裕層ではなく一般の成年男子も政治に参加できる民主政へと移行したが、対外的には覇権主義を推し進め、紀元前431年、それに反発するスパルタが宣戦布告しペロポネソス戦争が起こった。この戦争で指導者ペリクレスが病死し、アテナイは「デマゴーゴス」（民衆煽動者）により操られ結果、敗北する。

この精神的荒廃の中でギリシア哲学の祖、ソクラテスは「若者を堕落させた」などの罪で公開裁判にかけられ、500人のアテナイ市民が彼を死刑と断じた。これを見たプラトンは多数決の原理ではなく、エリートによる政治が市民の幸福を実現すると説き、多数決の政治を衆愚政治と呼んだ。

アリストテレスは市民の善い行い＝生活や政治体制を考えることを「実践学」とし、ポリスの秩序は状況に応じた熟慮によってなされるという立場をとり、プラトンのエリート主義を批判し、市民の知に可能性を見出す。市民の幸福はそれぞれの知的学習で得る「徳性」によって成しうることができるというのだ。

山脇によれば、正義を補完するものとして、アリストテレスの「友愛」（フィリア）がある。友愛とは、人々が「互いに好意を抱き、相手の善を願い、しかもそれが相手に知られていることと」を意味し、この友愛と正義が補完しあって、ポリスは「善き共同体（コイノニア）」となることができるという。それがアリストテレス的な意味での「公共性」と呼びうるもの、だという。[2] ここから山脇はケアに関連付けている。

現代において、人々の信頼関係を構築するためには、他者への「ケア」という意味での市民的徳性を考える必要があります。思想史的に振り返ると、たとえば、アリストテレスのいう「フィリア（友愛）」やキリスト教の「カリタス（隣人愛）」や儒教の「仁」といった価値理念は、正義とは異なる徳として、他者を思いやる「ケア」という意味をもっていました。現代では、「ケア」が、他者のプライバシーを尊重しつつも、他者を思いやる市民的徳性として考慮されてはじめて、（中略）福祉的公共世界の思想的基盤が整うといえるでしょう。[3]

市民自らが学び、社会生活を円滑にする行動は、社会での信頼関係を築き上げることにつながる見解が下支えしており、そこで重要なのは、「フィリア（友愛）」の概念という構造であろう。この行動は「ケア」として現代に導かれている考え方といってもよいかもしれない。

市民社会の「徳性」を重視する思想の体系は、古代ギリシアから18―19世紀ドイツのヘーゲルへと受け継がれた。彼も同じく市民の自立と、人の集合で成り立つ社会において、人とのかかわりは現実社会そのものであることを出発点とした。ケアの前提にかかわりがあるとすれば、それは「哲学の最高・究極の目的」につながるものだと解釈できるのではないだろうか。

ヘーゲルはかく述べる。

> 哲学の内容は、生きた精神の領域で根源的にうみだされ、そこからおのずと生じてきたものが、世界――意識の内外に広がる世界――という形をとったものである。一言でいえば、哲学の内容は現実そのものなのだ。……哲学と現実の一致を認識することによって、意識化された理性と存在する理性――つまり現実――との和解をうみだすことが、哲学の最高・究極の目的なのである。
>
> わたしの「法哲学」の序文にあるように、
>
> 理性的なものは現実的であり、
>
> 現実的なものは理性的である。[4]

ヘーゲルが理性的なものを現実的と定義したことは、アリストテレス以来の、「人とかかわり合う社会は理性的なもの」として位置付けられる文脈を成り立たせている。さらにハイデガーは『存在と時間』で、人間の存在自体がケアであるとまで導き出しているが、その前段となるのが以下の抜粋である。

> 共同現存在が世界・内・存在を実存論的に構成しうるものであるならば、この共同現存

在も、わたしたちがさきに配慮作用として特性づけたところの、内世界的な手もとのものとの見まわしによる交渉と同様に、現存在のおよそ存在として規定されている。関心という現象から解釈されねばなりません。配慮という存在性格は、共同存在という在り方が配慮と同じように内世界的に出会う存在するものへのひとつの存在であるにもかかわらず、共同存在にとってはピッタリでありえないのです。しかしながら共同存在としての現存在がかかわっている当の存在するものは、手もとにある道具という在り方をもっているのではなくて、かれみずから現存在です。このような存在するものは、「気を配られ」配慮されるのではなくて、「気づかい世話する」顧慮のうちにあるのです。[5]（傍点著者）

「配慮されるのではなく、顧慮のうちにある」という「私」は、その顧慮の中で存在しているのである。さて、その顧慮とは何だろう。ハイデガーの説明を続ける。

顧慮はその積極的な様相から見て、2つの極端な可能性をもっています。まず第一には、顧慮は他人からいわば「ゾルゲ」「心配」を取り除いてやることができ、配慮をすることにおいてかれに代わってやり、かれのために「かれのゾルゲのなかに」飛び込んでやる「尽力してやる」こともできます。「人間《ひと》に対する」こうした顧慮は、「事物《もの》に対する」配慮を要すべきゆえんのものを他人のために、引きうけてやることです。他人はそのさい、その場所から退けられ、かれの引き下がったそののちに、かれは配慮されたものをそっくりそのまま使って好いものとして受けとるか、ないしは全くそんなことをしなくても済むようになるのです。このような顧慮においては他人は、依存するものとも被支配者ともなることが、たとえこの支配が暗黙のものであって被支配者に気づかれないとしても、可能なのです。この尽力［助力］的な、「心配《ゾルゲ》」をとりのぞいてやるような顧慮は、広汎な範囲で相互存在を規定しているのであって、それはたいていのばあいは手もとのものの配慮に関するものです。

　これに反して、顧慮のもつ第二の可能性は、他人のために尽力するというよりむしろ、この顧慮が他人に対してその実存的な存在可能の点において飛んでみせる［模範を示す・率先垂範する］ことに成り立つのであった、これは他人のために「心配《ゾルゲ》」を除いてやるためでなくて、むしろはじめて本来的にゾルゲをゾルゲとして返してやるためです。本質的に本来的関心《ゾルゲ》――すなわち他人の実存に関するのであって、他人が配慮している何物かに関するのではないこの顧慮は、他人を助けて、かれの懸念《ゾルゲ》をみずからにおいて見通させ、こうして懸念に対して自由になるようにさせるのです。[6]（傍点著者）

　ここで登場するドイツ語の「ゾルゲ」（Sorge）は英訳するとケア（Care）となる。実際に『存在と時間』の英訳版は「Care」である。つまりは、自分の存在自体、そして他人とのかかわりには大きくケアが関係しているということであり、「ケアが世界に意味を与える」ともいえる。広井は「『存在と時間』は文字通り「ケアの哲学」として読むことができる。さらにいえば、『ケアの時間論』としても、そして『ターミナルケアの哲学』の本として読むこともできる」[7]としている。

アリストテレスの倫理からヘーゲル哲学、そしてハイデガーの「存在と時間」の文脈からは、ケアが幸福を追究する私たちをつなぐ重要なキーワードであり、それは古来から、類似した道の上にいまだに変わらずにあるのだと指摘をしたい。

公共哲学から見出すケア

哲学でも見出されるのは「ケア」が身近で社会をつなぐ重要な要素であり、それは公共性に近いニュアンスも帯びてくる。公共性についてハンナ・アレントは『人間の条件』の中で、「公的(パブリック)」とは、「万人によって見られ、聞かれ、可能な限り最も広く公示されること」[8]と「世界そのもの」[9]の二つを定義し、これらを前提として、他者とのコミュニケーションにおいては自己のアイデンティティを確立していることが求められていると主張している。これは、ルソーの『社会契約論』での根幹部分である「人はなぜ社会契約が必要か」という問いに対する答えを見れば、公共と社会契約は親和性のある思想であることが理解できる。

人間は新しい力を生み出すことはできず、ただすでにある力を結びつけ、方向づけることができるだけであるから、生存するためにとりうる手段としては、集合することによって、抵抗に打ちかちうる力の総和を、自分たちが作り出し、それをただ一つの原動力で働かせ、一致した動きをさせること、それ以外にはもはや何もない。

この力の総和は、各人数の協力によってしか生まれえない。ところが各人の力と自由こそは、生存のための最も大切な手段であるからには、ひとは、自分を害することなしに、また自分にたいする配慮の義務を怠ることなしに、どうしてそれらを拘束しうるであろうか？　わたしの主題に引きもどして考えれば、この困難は、次のような言葉であらわすことができる。

「各構成員の身体と財産を、共同の力のすべてをあげて守り保護するような、結合の一形式を見出すこと。そうしてそれによって各人が、すべての人々と結びつきながら、しかも自分自身にしか服従せず、以前と同じように自由であること。」これこそ根本的な問題であり、社会契約がそれに解決を与える。[10]

ヘーゲルも同じようなポイントで人と社会との関係を論じている。ヘーゲルは、自己は制度によって規定されながらも、そのことによって自己が普遍的・公共的な自由に高められていることを知っている意志ととらえ、これを基本として人々の自由な精神によって支えられる倫理を「人倫」（制度化された倫理）とし、自由の実現態としての立憲国家は、無限の内面性という自由を自覚した人々の承認を得て正当性を得る、としている。この言説の背景には、世界は思想的にも進歩し、すべての人が自由の価値を知っている、という考え方があり、そこから普遍的な「世界精神の歩み＝世界史の進歩」という思想が導かれた。これはキリスト教に根付くヨーロッパ近代主義文化の強引な押し付けともとられ、国家主権や民族を単位としているカントと大きく違うポイントである。

カントのコスモポリタニズムは、1795年発刊の『永遠の平和のために』で明確に示されている。この中では国内法、国際法、世界市民権の三つのレベルで市民的公共性の実現を説き、自由な諸国家の連邦制により国際法が遵守されるべきと主張、自由な交易が世界の平和に貢献し、人間がどの国に行っても世界市民として歓待される権利も唱えた。

日本において「公共哲学ネットワーク」で活動する山脇は、カントの公共哲学と今日の公共哲学のつながりについて、「世界市民的公共性」という観点は「ロックやルソーの国内主義的な社会契約論を超える『コスモポリタン』的な色彩の強いものとなりました。(中略)今日の『自己―他者―公共世界』理解に関して、200年以上も前に書かれたカントのビジョンがひとつの有力な端緒を与えてくれるゆえんがここにあります。[11]」としている。

このようにケアという概念は、古代ギリシアからヘーゲル、カント、ハイデガーに至り、常にコミュニティを形成する際の重要なポイントとして認識されてきたといえる。ケアという言葉は直接的間接的表現で、集団におけるかかわり合いの中で自然に生まれるべき行為として認識され続けてきたのである。

看護学上の「ケアの本質」

ケアの原義を確認した上で、日本において広く認識されている「ケア」=「癒し」「施し」の思想を考えてみよう。ケアの対象が人であることを考えると、看護学の視点が最も深い「思い」とともに言葉が紡ぎ出されたと考えられる。「人への行為を示すケア」を理解するには、ミルトン・メイヤロフの『ケアの本質　生きることの意味』が看護学上、一般的であり、病人への施しをイメージしながら必要な人をケアする看護の仕事の心構えとして世界中に読まれている。同書の序文には「一人の人格をケアするとは、最も深い意味で、その人が成長すること、自己実現することをたすけることである[12]」と書かれ、一般にいわれる、慰めたり、支援したり、単に興味を持ったりすることとの混同を戒め、「相手が成長し、自己実現することをたすけることとしてのケアは、ひとつの過程であり、展開を内にはらみつつ人に関与するあり方であり、それはちょうど、相互信頼と、深まり質的に変わっていく関係とをとおして、時とともに友情が成熟していくのと同様に成長するものなのである[13]」とする。

人の成長をたすけること――。ケアに対するこの認識は昨今の多様化する福祉関連業務の中では広く認知され、行動指針として打ち立てられている概念である。特に子どもや障害者に関する福祉においては、以前は、できないことを認識し、それに対する「措置」をすることが福祉対応の基本だったが、現在はできないことを認めつつ、「共生」を考える方向に向かっているため、人の成長をたすけること、という考えは新たな福祉を目指す領域では受け入れやすい。

これは時とともに変化する「倫理」としても受け止められている。「ケアの倫理」は時代に合わせ変化している。「世話をする」という行為の意義を哲学的に解説するファビエンヌ・ブルジェールは、著書『ケアの倫理』の副題を「ネオリベラリズムへの反論」とし、冒頭でこう述べている。

「ケア」の行動は、慣行、組織、制度に依拠しているが、しかし、他方、人々の弱さと人々の関係性とを結合する新しい人間学を創出する。その人間学は、依存と相互依存という二つの面を含んでいる。[14]

ブルジェールは、米国では「ケアの倫理」の議論が新自由主義のレーガン政権時に始まったと指摘し、それは「自動調整される市場の社会で、つねにより多く所有することに関心を持っている個人[15]」が称賛され、結果的に「ケア」は以下の道をたどると指摘する。

「ケア」の問題は、ネオリベラリズムの社会装置のなかに取り込まれると、他者ではなく自分自身を「配慮する」ことに力点が修正されてしまう。ネオ保守主義は、個人の責任の領域を拡大し、連帯、相互援助、社会的絆による援助を導入する試みに対立する。ネオリベラリズム、ネオ保守主義の社会の原則は、地球上すべての人間の行動に浸透する。[16]

この流れ自体が本来のケアではなくなってくる。資本主義の論理の中で、ケアは居場所がなくなる、というのがブルジェールの見解だ。

「ケア」の倫理は、それが実現しようとする政策の視点から考えるなら、社会の周辺に排除された人々にかかわっている。その人々は、力を剥奪された人々であり、女性たち、貧困な人々、移民であるが、ネオリベラリズムの視点からは、その人々が搾取されることは言及されることがない。しかし「ケア」の倫理は、共に生きることにかかわっていて、個人に責任転嫁しないような、市場原理とは異なる道徳を主張する。[17]

ネオリベラリズムの中にあって、ケアへの危機感は米国だけではない。超高齢化社会の日本でも市場原理に身を置きつつ、2000年からの介護保険制度の導入など福祉サービスの拡充と年金等原資の確保というケアの政策の両立は難しい。それでも当事者に向き合う看護や介護、各種支援に関する仕事に従事する人たちは、資本主義の原理から一定の距離感を持って生きている人が多い印象がある。

ジェネラリスト・ソーシャルワークの考え方

「人の成長を助ける」。メイヤロフの考えを受けて、ソーシャルワーカーによるケアの現場で指針となるのが、ジョンソンらの「ジェネラリスト・ソーシャルワーク」である。資本主義に反する「施し」に近い意味での「ケア」の具体的行動と考え方を同書のガイドラインに沿って確認し、実践としてのケアに踏み込んでみよう。

ソーシャルワークにおける介入とは「変化を引き起こすために人間のシステムやプロセスに

関係したワーカーによる特定の活動」であり、その活動の中で「ストレングス・パースペクティブ」（人の強みに焦点をあてること）もソーシャルワークの独特の視点である。この視点が生まれたのは、結局はソーシャルワークが基本的にクライエントという人を中心においた活動を意識しているからほかならない。さらにコムズ、アヴィラ、パーキーは「ワーカーの信念が援助の重要な特質となる」とし、援助者が仕事に向かう際の信念を以下のように整理した。

1 人は、可能性を持つ
2 人は、好意的である
3 人は、価値がある
4 人は、外的な動機ではなく内的な動機を持つ
5 人は、信頼できる
6 人は、邪魔するのではなく助けとなる[18]

これは介入する上で、重要な信念であろう。これらの信念があるからこそ、人は改善ができる見込みがあり、期待を抱き、そして取り組む、という構図が成り立つ。ジャーナリズムの場合、基本的に上記の信念に近い格好で「社会」を見ていて、社会は良い方向に向かうことができると信じながらも、権力に対しては性悪説の立場をとることで権力のチェック機能を果たしている現実もあり、美しい希望と期待だけで対応することは難しい。

さらにジャーナリズムにおける「相互作用」の概念はマクロ的であるが、ソーシャルワークはミクロ的であり、その介入や行動が引き起こす作用にもきめ細かい配慮と対応が求められる。

ジョンソンらは、ソーシャルワークの実践のプロセスを「アセスメント」「プランニング」「援助活動」「終結」の4段階で説明しているが、「援助活動」に「終結」を示すべきだとする立場は特徴的である。やはり人を扱うことは、人の心を扱うことであり、その心に責任を持つ必要があるとの見解からくるものであろう。ソーシャルワークがミクロにその心の相互作用を通じて改善を促しながら人と接し、最終的に終結させるということは、人の人生に責任を持って寄り添う、という視点でもあり、たいへん責任が重い仕事である。そして、これが実践としてのケアとなってくる。

ここに資本主義の論理はない。ただ人に向かい、その人が生きるというプロセスの中で、人への可能性を信じてかかわり合うことに尽きている。これは時間がかかるかもしれず、生産性や効率性からも遠い。これが資本主義と相反する点である。効率性、経済性から乖離しているのが、ソーシャルワークによるケアといえる。

経済活動の活発化で進むケアの「外部化」

そもそも生物は何らかの方法や媒体を使って、ある世代から次の世代に「情報」を伝達していく存在である。これには2種類の伝達方法がある。一つ目は、行動や性質などが含まれた遺伝子による生命情報を、生まれた時点ですべて伝達している方法であり（これは魚類の例が分かりやすい)、二つ目は、親から子どもへというような個体から個体へのコミュニケーションで伝達する方法である。これらはどちらも「ケア」であり、特に哺乳類では、子どもが自ら捕食するまでの間は雌が乳を与え保護しながら育てる。これこそがケアである。人間の場合は、生物としての自立、そして社会的な自立までの間は、子どもは「社会的な存在」として、親だけではなく社会がケアをする。

一般的に子どもが成人し、働き、労働を全うした後に訪れる老いは誰も避けることができない。体の機能が低下し、できないことが増えてくることによって、他人からの「ケア」が必要になってくる。そのケアの量や質によりケアが「社会性」を帯びてきて、ケアが職業上に行われ、他人によって施されることになる。

誰もが受けることになるこの子どものケア、高齢者のケアについては、「ケア」という言葉が日本で浸透する以前の経済社会の発展前段階では、すべて家庭もしくは地域で行われていた。子どもの教育は家庭で行われていたし、高齢者の経済的扶養は年金制度が整備する前には家庭内で行われてきたのである。

ところが生産者世代に経済活動が集中するようになると、高齢者のケアは「外部化」され、女性の社会進出が広がっていくと、子どもの保育、そして教育が「外部化」されていった。さらには精神科患者の増加に伴い必要に迫られている「心のケア」でさえ、家庭に頼れず、「外部化」することも珍しくなくなった。この流れを補うために整備されてきたのが日本の社会保障システムといえよう。

広井は「外部化」が進むことによって、これからの家族内関係は「〝純粋に情緒的なレベルの関係〟に純化していく、という方向[19]」と指摘する。さらに「『経済における最大の成長分野としてのケア』という時代にあって、また、物質的欠乏や経済的理由が家族を結びつける大きな要因であった時代が終わった今、〝最後に家族に残されるものは何か？〟という問いを、新しく考えてみる必要がある[20]」とする。

これをメディア論的に解釈すると、家庭内にあったケアが社会という外部に押し出されることによって、外部でのケアは制度化され、資本経済化されていくという時代の要請に合致した形に変形していくが、それが「公共圏」の中で議論されるのは、政治プロセスとして悪いことではない。しかしながら、ケアが外部化されたことによって、世代間のコミュニケーションが分断化されてしまうという弊害と、ケアが資本経済化することにより、ケアの現実は、一定の場所にだけ留まることになり、人間誰しもに必要なケアは生産者から離れ、後で論じることになる当事者意識から乖離してしまうことになることを考慮しなければならないだろう。

2　日本における「ケア」の広がり

障害者ケアの法整備

第一章で詳述したとおり、障害者に対する「ケア」の法律は、大きく分けて二つある。一つは、2005年に公布され、2013年に改正された通称・障害者総合支援法。もう一つは社会において障害者が安心して暮らせるような環境づくりを目的とした通称・障害者差別解消法である。

この二つは「官製のケア」であり、たとえば、国は合理的配慮の具体例として「障害のある人の障害特性に応じて座席を決める」「障害のある人から、『自分で書き込むのが難しいので代わりに書いてほしい』と伝えられたとき、代わりに書くことに問題がない書類の場合は、その人の意思を十分に確認しながら代わりに書く』「意思を伝え合うために絵や写真のカードやタブレット端末などを使う」「段差がある場合に、スロープなどを使って補助する」[21]を示している。これが官製の「障害者へのケア」であろう。ここでは実際にやることを明記しているが、いわば差別は「思う」「思わない」の心の問題であるから、これらの行動が社会思想的にどのような差別解消につながるかは注視する必要がある。

時間を遡れば、日本では障害者への行政的措置の根拠となる法整備が始まったのは戦後。連合国最高司令部（General Head Quarters of the Supreme Commander for Allied Powers＝GHQ）による指示の下、社会福祉の概念が形づくられ、日本国憲法の中に福祉が位置付けられた。これを根拠にできた法律が、１９４６年の生活保護法、１９４７年の児童福祉法、１９４９年の身体障害者福祉法のいわゆる「福祉三法」であった。福祉サービスが正式に法制化され、「行政の措置として提供」「国の責任を前提として国から委任を受けた地方公共団体の長により国の機関として処理」「費用は応能負担」という社会福祉の基礎構造が形成された。

これは、本来国家が行うべき福祉事業を民間の社会福祉法人に委託するという形式の基盤整備でもあった。さらに、１９４７年には学校教育法が制定され、従来は教育の対象外だった障害児に「特殊教育」という形で教育の機会が与えられた。

今世紀初頭、福祉サービスは「措置から契約へ」と向かうが、この原型は半世紀にもわたり福祉行政に定着したため国家という権威の下で「措置」の思想は現在も消えたわけではない。ケアという言葉が増加する高齢者と比べると、障害者のケアは行政の「措置」という思想により、広く浸透していないのが現状であることも認識した上で今後の官製ケアを見つめていきたい。

「医療モデル」から「社会モデル」の障壁

障害の「医療モデル」は、心身の機能・構造上の「損傷」（インペアメント）に着目し、損傷が必然的に障害をもたらすととらえる考え方であり、障害の原因を除去したり、障害への対処において個人への医学的な働きかけ（治療、訓練等）を常に優先する考え方である。また、医療モデルは、障害を個人に内在する属性としてとらえ、同時に障害の克服のための取り組みは、もっぱら個人の適応努力によるものととらえる考え方であり、障害の「個人モデル」とも呼ばれる。このモデルは、医療偏在の考え方になり、医師の意向が尊重されることから、特に精神障害者に対する強制的な措置を生み出す土壌でもある。

一方、障害の「社会モデル」とは、損傷（インペアメント）と障害（ディスアビリティ）とを明確に区別し、障害を個人の外部に存在する種々の社会的障壁によって構築されたものとしてとらえる考え方である。障害を損傷と同一視する「医療モデル」を転換させ、社会的な障壁の除去・改変によって障害の解消を目指すことが可能だと認識し、障壁の解消に向けての取り組みの責任を障害者個人にではなく社会側に見いだす考え方である。社会的障壁には道路・建物等の物理的なものだけではなく、情報や文化、法律や制度、さらには市民の意識上の障壁等も含まれている。[22]

この考えを展開したのが英国の障害学の形成に大きな役割を果たしてきたオリバー[23]であり、1990年の『障害の政治学』で、ディスアビリティの問題は自分の身体にあるのではなく、障害者を排除する社会にあることを示した。長瀬は「自らを排除する社会、まさに『個人的なことは社会的なこと』という視点から、オリバーの目は自らを排除する社会組織に向いたのである。従来の個人モデル、医学モデルから脱却し、ここに社会モデルが成立したのである[24]」と解説する。

日本で「社会モデル」が完全に浸透しているわけではない。この問題は根深く、医療偏重に加え、行政の措置に頼りがちな「福祉サービス」との関係性という構造は、「障害者をどのようにするのか」という大きな目標が掲げられていないことに問題があるといわざるを得ない。これは17世紀のドイツでいうならば、「障害者」の視点は、形骸化した仕来りに反発し強権化したドイツ・ルター派に対峙した「敬虔派」の視点のなかに見出すことができる。

「敬虔派」の父、神学者のフィリップ・ヤコブ・シュペーナーは「大事には一致を、小事には自由を、すべてのことに愛を」という言葉を残したことでキリスト教会で有名な一人だが、この言葉は、企業社会でも、社会コミュニティでも、福祉の現場でも、そして社会モデル構築に向けての心構えとしても有効である。大きな一致に向かって、各人が自分なりに小さな自由の中で仕事を展開することは、やりがいや生きがいにもつながる。

誰もが幸福な社会を、というのは近代国家社会での一致であろうが、幸福に向けて大多数の一般人よりも「障壁」がある人には、障壁を越えるための何らかの行動や支援が必要であろう。それは「福祉」と呼ばれる領域で日々考え展開されているが、官僚制に押しつぶされるときもある。官僚制は時としてガルブレイスがいうところの「精神的覇気に欠け、その無能ぶりは深刻で、不愉快なほど傲慢[25]」だからだ。

1670年ごろ、シュペーナーによる「敬虔派」はルター派教会内での改革運動と考えられている。17世紀の神学者たちにより、ルター派教会や改革派教会内は「正統主義」として、ルター主義の厳格な信条告白が敢行され、ルター派教義は硬化していた。公認された一定の語句を踏襲しなければ排除されるという教義に縛られた重苦しい雰囲気の中、キリスト教の本質は、「定められた信条形式」とみなされた。この中にあってルター派の牧師、シュペーナーは、生きとした信仰と、日々の生活における聖化の必要性を説教の中で強調したのである。これは正統主義に対する改革の実態だが、形式ではなく中身を説く彼らは「敬虔派」と呼ばれた。キリスト教は当時、形式主義の変換期にあったのだろうが、行動に移すのは難しかっただろう。[26]

それはちょうど、今の日本でも同じで、「お医者様」と呼ばれるこの社会は、医療偏重型の治療文化が根付いており、「白い巨塔」と揶揄され、医療モデルに対する批判も受けながらも、なお聖域化したままである。この文化の中で社会モデルを構築するには、当事者や市民の活動だけでは成しえないだろう。

この官製の医療モデル社会での、医療の権威を崇める思想の根強さは、以下紹介する福澤諭吉の考え方が近代国家に根付いたことによるものかもしれない。つまり、ケアという言葉が輸入される以前には、日本語として「世話」が類似した言葉だったが、それは「保護」と「命令」の二つの意味があるとする。「ケアする＝世話をする」の論考における福澤の見解はこうだ。

「世話」の字に二つの意味あり、一は保護の義なり、一は命令の義なり。保護とは人の事につき傍らより番をして防ぎ護り、或いはこれに財物を与え或いはこれがために時を費やし、その人をして利益をも面目をも失わしめざるように世話をすることなり。命令とは人のために考えて、その人の身に便利ならんを思うことを意図し、不便利ならんと思うことには意見を加え、心の丈けを尽くして忠告することにて、これまた世話の義なり。[27]

この世話の二義性についてはさらに「世話の字に保護と指図と両様の義を備えて人の世話をするときは、真によき世話にて世の中は円く治まるべし[28]」と結ぶ。これが政府と人民という公私の間を「円く治まる」要諦であるとの指摘である。

確かに、保護と命令に日本人は飼いならされてきたかもしれず、世話の言葉から伝統的な公私関係もうかがえる。この伝統を今も引きずり、私も精神障害者の手続きに関する行政の対応で、「決めつけ」「恫喝」「不遜」な態度に何度も遭遇してきた。これこそが世話における「指図」の間違った解釈であり、ドイツのルター派の伝統主義の振る舞いと類似した所作である。私たちの現在のコミュニティは相互扶助の領域が拡大し、指図ではなく相互理解の関係性を築いている途上にある。「医療モデル」から「社会モデル」は未だに道半ばである。それは、権威を求め医療モデルに寄りすがった取材が定着しているメディアにも何らかの努力が必要である。

「高齢者」「身体障害者」「精神障害者」の垣根をなくすケア

埼玉県鴻巣市にある社会福祉法人「一粒《ひとつぶ》」は、今後日本ではモデルでなるであろう「街」を運営している。正式名称は「吹上《ふきあげ》富士見共生プラザ　風の街」である。鉄筋コンクリート3階建ての建物は、「サービス付き高齢者住宅」「デイサービス」「グループホーム」「家庭保育室」「生活相談支援センター」「コミュニティスペース」の機能を備えており、高齢者と子ども、高齢者と障害者が自然と交じり合える工夫がされている。

いわゆる「富山型」デイサービスの考えに近い発想で、人間社会の理にかなった方式ともいえる。富山で始まったスタイルが、なかなか日本で主流にならないのは、制度の壁や既成概念から抜け出せない実情もあっただろう。しかし、日本の福祉はそろそろ全面的な見直しの時期に来ているから、その壁も瓦解するのではないかと考えられる。

富山型は、「高齢者も子どもも障害者もいっしょ」をコンセプトに、「年齢や障害の有無にかかわらず、誰もが一緒に身近な地域でデイサービスが受けられる場所[29]」として、「静かに」広がっているのも確かである。１９９３年に富山赤十字病院の看護師だった惣万《そうまん》佳代子ら３人が富山県内初の民間デイサービス事業所「このゆびとーまれ」を開設したことから始まった。

民家を改修した小規模な建物で、対象者を限定せず、地域のサービスの提供場所を確保したのは当時としては新しかった。特に「福祉サービスの対象を選ばない」サービスは、役所の「前例がない」とした対応を突き崩したのである。高齢者、子ども、障がい者を対象とする法律はそれぞれ、老人福祉法、児童福祉法、身体障害者福祉法と支援する法律も違い、役所の部署や担当も違ってくる「縦割り」行政にあっては不可能に思えた。

結果的に富山県も動き、独自に助成制度を創設。国にも制度を働きかけた結果、10年後の２００３年に国から「富山型デイサービス推進特区」の認定を受け、知的障害者・障害児が自立支援給付金を利用してデイサービスを受けられるようになったのである。

かつての社会はケアが必要な人が自然に地域でケアされるという「円環型」[30]だった、という広井の論を考えれば、この取り組みは合理的であり、自然でもある。前・産業化（工業化）社会は、農業を中心とするムラ社会であり、すべてのケアは家族や共同体のなかで「相互扶助」で行われていた。現在は、仕事等の生産活動を円滑にしようとする社会で、子どもや老人のケアは「外部化」され、福祉行政も各種障害ごと、ニーズごとの各セクションに押し込められてきた。少子化と超高齢化等により国家の社会保障費が目減りしていく中にあって、富山型はムラ社会型の再現であり、縦割りによる無駄を省き、横の連帯で合理性も追求できるから、時代が求め始めるだろうという期待感がある。

現状に対する問題意識を持つ福祉関係者の間で知られている「富山型」だが、社会に広く知られている、とは言い難い。加えて、事業開始から特区認定までの10年の歳月は、関係者の地道な努力は評価したいが、役所の動きは恐ろしく鈍かった。今後さらに注目されることは間違いないが、注目のフレーズが「合理性」ならば、とたんに経済効率性という議論になり、福祉サービスがおろそかになる危険もある。

それでも、研究と実践を進めるべきテーマである。冒頭で紹介した一粒は、「風の街」以外にも共同生活援助事業として障害者向けのグループホームの運営や、パンや豆腐作りや各種委託作業を行う就労継続支援事業、放課後等デイサービスも手掛けており、生活や仕事までの全般をケアしている。

今後はさらに精神障害者も絡めながら、共生を追究している最中である。関博人理事長は「先駆けてやってみればいいんですよ」[31]とまずは行動で先んじたいという意気込みである。制度から支援を考えるのではなく、必要な支援を考え、動く。そこに必要な枠組みが見えてくるという考えだ。これが当事者側に近い場所から発せられることが重要で、包括的ケアの突破口になる可能性がある。

3　障害者ケアへの視点

映画作品から見る社会――米国、イタリア、スウェーデン、韓国、日本

精神障害者をメディアが描くことは難しい。表面化する「怠惰」「狂気」を強調する拡大描写はひとつの最悪の結果だ。そこまでに至る目に見えない葛藤こそが、障害者の戦いであり、悩みなのである。そこが表現しにくいから単純な描写になってしまう。特に「心」の問題は医師でさえ、判断が分かれる未解明の部分が多い。メディアがどんな権威に依拠して精神障害者を描くかは、媒体としてのメディアのそれぞれの挑戦であるが、どう描くかを比較すると、国や社会の一般的認識の違いが浮かび上がってくる。特に映画作品については、ある程度の時間をかけて吟味し練り上げられ、形づくられた結果としての作品であるから、精神障害者（もしく

は社会的弱者）を取り巻く社会風土や社会背景、それらから生まれる障害に関する社会思想が浮かび上がってくる。

今回検討した対象映画は「17歳のカルテ」（米国）、「人生、ここにあり」（イタリア）、「マイライフ・アズ・ア・ドッグ」（スウェーデン）、「オアシス」（韓国）、「あん」（日本）の5作品である。ストレートに精神障害者を題材にしているのは、「17歳のカルテ」「人生、ここにあり」で、「マイライフ・アズ・ア・ドッグ」は今でいう発達障害の可能性のある子どもの物語。「オアシス」は、病名等はついていないが、一般社会に入れない疎外された精神性を持つ男性と身体障害者の女性。日本映画の「あん」はハンセン病元患者の施設に入所する女性の存在自体がテーマである。まずはそれぞれのストーリーを概説する。

人生、ここにあり（2008年、イタリア、原題：Si Puo Fare）

イタリアは1978年に精神疾患の入院患者を無期限に収容することを禁止するバザーリア法が制定され、患者は病院ではなく、地域の精神保健機関で予防や治療をしながら地域社会との共存を目指す体制となった。作品はこの渦中での実話を実在のグループホームをモデルに映画化した。

舞台は1983年のミラノ。労働組合員のネッロは、強い正義感のために左遷され、その異動先が廃止された精神病院から移行したグループホームであり、元患者たちで構成された協同組合であった。無気力に日々過ごす元患者たちを「改革」しようと、全員で物事を決める会議を開き、自治権を植え付け、自分たちの能力を活かして社会にかかわり、収入を得ようと、木材を使っての「モザイク貼り」事業を立ち上げ、奮闘する物語である。

社会から隔絶された場所から、仕事を通じて社会に進出する患者たちだが、社会の無理解と奮闘し、中には傷つく人もいる。「やればできる」のか、という問題を突きつけられる内容だが、イタリアの「バザーリア法」の評価を考える上で、多くの示唆を与えてくれる作品である。

17歳のカルテ（2000年、米、原題：Girl, Interrupted）

1967年の米国で、自殺未遂をしたことから精神療養施設に入所させられた、作家を夢見る17歳の女の子、スザンナ・ケイセンの物語である。2回の入院歴のある彼女自身の回想録をもとに映画化された。ボーダーライン・ディスオーダー（境界性人格障害）と診断された彼女は不安に苛まれながら、病院で出会った患者の女性たちとの交流で自分自身を取り戻す道をみつけていく。この中の1人が退廃的かつ破壊的な考えを持ち、病院に反発し脱走を繰り返すリサであり、彼女の「狂気」に触れれば触れるほど、自分が正常になっていく。スザンナは文字で他者を表現する「秘密のノート」を書くことによってレジリエンスしていくのだが、退院が決まったスザンナは、リサに「秘密ノート」を取り上げられ、責められ、スザンナはこう絶叫する。「あんたはもう死んでいる！　だから誰も押さない。なぜならあなたは死んでいるから。あんたの心は冷え切っている。だからここへ戻る。自由どころか――ここでなきゃ生きられない。哀れね」。

この言葉は希望である。この映画は、なぜ少女たちが狂気になったのか、という答え探しを求めていない。日常の中でも心の病は誰でもある、それは自分の人生を見つけていく過程の一つかもしれない、というメッセージを残しているような不思議な感覚の映画である。それが米国の多様性、との解釈も成り立ちそうだ。

マイライフ・アズ・ア・ドッグ（1988年、スウェーデン）

メディアによって伝わるニュース、それは多くが不幸で、自分はそれよりもましだと考える。ソ連の人工衛星スプートニクに乗せられたライカ犬がいずれ餓死してしまう憐れを考えたとき、まだ自分は「まし」だと思う。しかし、いずれは自分が不幸の当事者になるという恐怖を抱きながら過ごすのが主人公の少年、イングマルである。彼は母親の病気が悪化したことから田舎の叔父に預けられ、男の子のふりをしている女の子と仲良くなり、毎日を楽しく過ごしながら、風変わりな村民との交流を繰り広げていく。

思春期の子どもが地方のコミュニティにある性差や年代差、精神障害を超えて交わっていくさまを見るとき、人が織りなすすべてを包み込む社会の姿について考えさせられる。

これは1950年代のスウェーデンの田舎を舞台にした作品で、主人公に「障害」の事実はないが、発達障害の可能性と、村人のひとりに明らかに精神障害者と思われる住民が登場し、その患者の障害が「社会の一部」として温かに描かれており、それは北欧社会のスタンスを示すようで興味深い。

オアシス（2004年、韓国）

兄の身代わりで交通事故の過失致死罪で服役していたジョンドウは、2年6か月ぶりに出所したが、家族はいなくなっていた。30歳で社会人として何をやってもまともに勤まらないジョンドウは明らかに家族からも社会からも見放された存在。自分勝手な行動は何らかの社会不適合性を伴う障害の可能性があるものの、映画では明確な説明はない。ストーリーは、死亡させた被害者の家族にお詫びに行くと、この家族は引越しの最中。そこにコンジュという重度の脳性マヒの女性がいた。兄夫婦は、二度と来るなとジョンドウを追い払うのだが、実は兄夫婦の引越し先は、コンジュ名義で申し込んだ障害者家族のための公営マンション。コンジュには自立の機会として、これまでの古びたマンションに一人で暮らさせるのだが、心配になったジョンドウが花束を抱えて彼女の家を再び訪れ、紆余曲折しながらも、社会から疎外された2人は親密になっていく。

親密になる2人の空想シーンがある。ここで2人は普通の恋人として交じり合い、それまで、脳性まひで体がこわばり、表情もひきつったままの彼女が、障害の無い状態で車いすから立ち上がるのである。突然に「正常」になる衝撃は映画のクライマックスでもある。同時に今まで私は「何を見ていたのか」との問いを突き付けられる。

韓国社会の光と影を同時に見せられるようなこの作品に、私は韓国という国のダイナミズムを感じてしまう。

あん（2015年、日本）

縁あってどら焼き屋「どら春」の雇われ店長として単調な日々をこなしていた千太郎のもとに、店の求人募集の貼り紙をみて、働くことを懇願する一人の老女、徳江が現れ、どらやきの粒あん作りを任せることになる。徳江の作った粒あんは愛情が込められた上、絶品で、店は繁盛。しかし徳江が元ハンセン病患者であることから、心ない噂が広がり、徳江は店を辞め、やがて死期を迎える。

舞台は、桜並木の街路樹が美しい私鉄西武線沿いの住宅地の一角。徳江の入所施設は国立療養所多磨全生園（東京都東村山市）であろう。東京都内にありながら雑木林、樹木に囲まれて自然豊かな場所であるが、それはかつての「隔離政策」の名残りである。映画は、ハンセン病への過去の差別と現在に続く偏見を描きながら、自然とのふれあいで浄化しようとする人の「力」を静かに訴えているようである。千太郎も過去に傷を持ち、交流する女子中学生のワカナも社会への躓きを覚えていた。「障害」があってもなくても、人には普遍的な試練があるのだろう。

公式ホームページのキャッチコピーは、「たくさんの涙を超えて、生きていく意味を問いかける[32]」とし、徳江は映画のクライマックスでこう語りかける。「私達はこの世を見るために、聞くために、生まれてきた。この世は、ただそれだけを望んでいた。だとすれば、何かになれなくても、私達には生きる意味があるのよ[33]」と。

差別の表現は日本特有の婉曲的なものであるが、日本人の心になじむ作品として仕上がっている。重要なポイントは自然との調和、回復しようとする心、そしてつながろうとする意志の普遍性、であり、それも日本独特の雰囲気を帯びている。

映画作品から見るケア文化と運動

それぞれの映画で中心的な存在となっている「ケアされるべき当事者たち」の取り巻く環境は立場によって当然違いがあるが、どの作品も、主人公が社会における自己の立場の不安定性という問題を抱えていることは共通している。

「17歳のカルテ」で描かれているのは、当事者である女性の心の葛藤だった。精神疾患にならず有名な大学に進む周辺の人たちとの対比も描かれているが、それは主題ではない。あくまで比較の上でのエピソードととれる。そこからケアされるべき当事者は何を選択し、何に向かうのかへの視点は絶望視させない米国映画らしくもあるが、それが同時に米国という国家や社会の当事者への見方なのだろう。

その視点がさらに温かいのは「マイライフ・アズ・ア・ドッグ」の少年を取り巻く大人たちである。それぞれが欲望を抱えながらも、社会は子どもの成長を引き受けるという社会の覚悟は、山間の片田舎で静かに、そして確信的に根付いている。特に印象的なのは、常に屋根の修理をやり続けている「おかしな古老」（精神障害者だと思われる）は、村民全員の嘲笑の的だが、真冬に池に飛び込み、姿が見えなくなると、途端に住民たちは心配し慌てふためき、そしてケアするのである。ここには空気のようなケアがあるのを実感させられる。「人生、ここにあり」は、精神病院をなくしたイタリアのミラノでの、理想と現実の狭間を描いたもので、労働組合運動と結びつき、ミラノという都市と結びつき、資本主義と結びつく点では、イタリアの精神障害者の挑戦なのだが、悲観的になってしまいそうな設定は、イタリアという国の楽観性なのか、見ていて痛快だ。登場する精神障害者の若い男性が「社会」に進出することで、一般の女性に恋し、失恋し、自殺する場面があるが、これは疾患の問題ではなく、男女の恋の切なさを表現しているようで、それこそが「社会進出」であるというメッセージにもとれる。

最後に韓国の「オアシス」と日本の「あん」を比較すると、前述の3作品に比べ、東アジアの国特有の固定化し閉塞した社会規範の中で、普通でない人の生きづらさは共通であるが、映画の表現として、人間の尊厳という普遍的なテーマを投げつける方法はまったく違う。オアシスの投げかけ方は、いわゆる「恨《はん》」と呼ばれる韓国国民特有の「魂」の叫びのようなものが内在しているのに対し、日本では、そのような爆発する発火点もないまま、ただ諦観する姿勢と浄化がテーマとなっている。

私は以前、日本と韓国の研究者や学生がそれぞれの国の映画を観て、それぞれの観点からディスカッションし文化理解を促進する「円卓シネマ」に参加した。そのとき韓国の映画作品として取り上げた「風の丘を越えて―西便制―」[34]をめぐり、日韓では映画への評価が分かれた。日韓の参加者の意見を取りまとめ、最終的に論考にした際に、日韓の違いは、「恨」とは「恨み」

ではないと理解しつつ、結局は恨への「理解か」「無理解か」であると暫定的に結論づけた。私はその中で「恨は魂であり、礼であり、恨を解くことは厄を祓うことであるとは理解のてがかりになりそうだ[35]」と締めくくったのだが、オアシスに一貫して流れるのは、この「恨」である。主人公の男女2人にあるのは自分たちを阻害する社会への恨、そして自分たちの運命への恨。この恨が重なり合った時に、二つの恨は融合し、大きなエネルギーとなって社会に何かを問いかける。それは日本にはない。

浄化というテーマは似ているが、それは自然科学的な見方と密接にかかわり合っているようだ。映画の終盤で死期の近い徳江は、ハンセン病患者として隔離され、社会に出られなかった過去をたんたんと林の木立の中で語る。映像は自然の一部に自分の存在を浄化させることで達観できるものだと訴えている。

「ケア」の表現という視点から見れば、韓国の彼らは自らのケアのために、自らを解放するために、そのエネルギーを存分に発揮するが、日本のケアは作品の中では、誰が、誰のために、という視点が明確ではなく、それが意図的であるにせよ、非常に分かりづらい。これは日韓のマスメディアのスタイルにも通じるようで興味深い。韓国の動に対し、日本は静。外交的なエネルギーと内省的なエネルギー。こう考えた場合、ケアとは内省的な行動に近いから、日本では表面化が難しい。これがメディアにケアが「うまく乗らない」原因であるような気がしてならない。

ケアは文化が左右する――イタリア・バザーリア法の観点から

前述のイタリア映画「人生　ここにあり」から導かれるのは、ケアの推進に社会運動があり、そこでメディアも社会と連動し、政治も動く、という現実である。実際に精神保健の世界に身を置き、社会保障制度の不備という現実的な問題に接すると、一般社会で精神保健に対する理解が広がっていないという「社会の質」のような問題に直面する。つまり映画の合言葉になった「やればできるさ！」「自由こそ治療だ！」が通用するのは、社会が相応に呼応するというケア文化があってこそという現実である。

イタリアは1978年バザーリア法（法180号）によって、多くの精神病院を閉鎖した。この法律で「精神病院がなくなった」という誤解も生まれているが、バザーリア法は1960年代にイタリア各地で同時多発的に始まった精神医療改革運動の中間的帰結であり、全国の精神病院が廃絶されたわけではない。

このバザーリアとは改革の中心人物である精神科医の名前で、1971年に彼は改革の現場となった北イタリアに位置するトリエステのサン・ジョヴァンニ精神病院で改革に着手した。この病院では当時入院患者1182人中、90％以上が強制入院の環境。バザーリアはまず、医師と患者が主従であった関係を、医師と患者は「協同者」と位置づけた。その上で治療に関してミーティングを積極的に行い、それをオープンにし、ショック療法や身体拘束具の使用禁止、パーティーの開催、患者新聞の発行、男女混合病棟の実現、街への自由外出と金銭所持を認めた。大きく言えば、患者の権利獲得、そして病院職員の意識改革、同時に周辺への啓蒙であった。[36] これが法律へと結実するのである。

バザーリア法の第一条には「病状確認と保健医療処置は自発的意思によるものとする」とし、四つの柱がある。

1　精神病院を新しく造ることの禁止。すでにある精神病院に新たに入院させるのも禁止
2　予防、治療、リハビリは、原則として地域精神保健サービス機関で行う
3　治療は、原則として本人の自由意思のもとで行われる
4　精神保健行政すべてを県から州に移管する[37]

成立過程の背景にはイタリアの労働運動がある。イタリアは、労働者が結束し権力や資本と立ち向かい権利を獲得する風土である。バザーリアの取り組みが法制化されたのも、労働者がこの権利獲得の動きに呼応したからであり、そこには「自由」をキーワードにした哲学があった。改革の中心地でもあるトリエステ県の精神保健局長フランコ・ロテッリ（２００９年当時）の発言が端的に基礎となる考えを示してくれる。

精神科医の精神医学的診断なんて、なくすに限ります。そんな診断より、患者の人生に価値をもたらすものをつくることが大切です。それには、患者をできるだけ自由にするこ

と。自由な場に置くこと。トリエステは、それをやっている。患者は、医者のやることについて自由に議論ができる。それが臨床的なことより大切なのです。[38]

この精神医療の改革運動は「トリエステの改革」もしくは「精神病院の廃絶」をキーワードとして日本にも伝わっているものの、日本での模倣者は多くはない。さらに、イタリアではあまりに有名なバザーリアだが日本での知名度は高くない。これは究極の「医療モデル」から「社会モデル」の転換であるから、確かに日本での取り扱いは難しいかもしれない。結局日本には呼応する者、メディアがいなかった。それこそが、日本のケアに対する認識である。

北海道浦河町にある精神障害等をかかえた当事者の地域活動拠点「べてるの家」は、この考えに近く、地域と障害者が垣根なく暮らす風土をつくってきたが、この運動の中心にいる向谷地生良[39]さんは医師ではなく、ソーシャルワーカーである。彼が孤軍奮闘し、風土を変えてきた。日本で医師が改革するには、政治的な意味合いから制約があるのかもしれない。ここをメディアは描き切れず、ケアの現場から離れていることで、官製ケアが結局幅をきかせることになることをメディア当事者らは自覚しているだろうか。

注記

1　広井良典『ケア学　越境するケアへ』（医学書院、２０００年、14‐15頁参照）
2　山脇直司『公共哲学とは何か』（ちくま新書、２００４年、55‐56頁参照）

3 前掲書、149頁
4 G.W.F.Hegel.“Werke”8, Suhrkamp, S.74.（長谷川宏『新しいヘーゲル』2007年、講談社現代新書、78―79頁）
5 ハイデガー著、桑木務訳『存在と時間（上）』岩波文庫、1960年、232頁
6 前掲書、233‐234頁
7 広井良典『ケアを問い直す――〈深層の時間〉と高齢化社会』（ちくま新書、1997年、32頁）
8 ハンナ・アレント著、志水速雄訳『人間の条件』（ちくま学芸文庫、1994年、75頁）
9 前掲書、78頁
10 ジャン・ジャック・ルソー著、桑原武夫・前川貞次郎訳『社会契約論』（岩波文庫、2007年、29頁）
11 山脇直司『公共哲学とは何か』（ちくま新書、2004年、73頁）
12 ミルトン・メイヤロフ著、田村真・向野宜之訳『ケアの本質　生きることの意味』（ゆみる出版、2000年、13頁）
13 前掲書、14頁
14 ファビエンヌ・ブルジェール著、原山哲・山下りえ子訳『ケアの倫理――ネオリベラリズムへの反論』（白水社、2014年、14頁）
15 前掲書、同
16 前掲書、90頁
17 前掲書、91‐92頁
18 ルイーズC・ジョンソン、ステファンJ・ヤンカ著、山辺朗子、岩間伸之訳『ジェネラリスト・ソーシャルワーク』（ミネルヴァ書房、2004年、146頁）
19 広井良典『ケアを問い直す――〈深層の時間〉と高齢化社会』（ちくま新書、1997年、151

頁）
20 前掲書、同
21 内閣府「障害者差別解消法リーフレット」（２０１６年、内閣府）
22 文部科学省ＨＰ『日本の障害者政策の経緯』参照 http://www.mext.go.jp/b_menu/shingi/chukyo/chukyo3/siryo/attach/1295934.htm（２０２０年９月６日アクセス）
23 マイケル・オリバー元グリニッジ大学教授、英国障害学の第一世代研究者
24 長瀬修『障害学への招待』（明石書店、１９９９年、18頁）
25 Ｊ・Ｋ・ガルブレイス著、中村達也訳『満足の文化』（新潮文庫、１９９８年、76頁）
26 Ｍ・シュミット著、小林謙訳『ドイツ敬虔主義』（敬文館、１９９２年）、『岩波キリスト教辞典』（岩波書店、２００２年）などを参照
27 福澤諭吉『学問のすすめ』（インターネット図書館「青空文庫」＝底本：「日本の名著33福澤諭吉」（中央公論社、１９８４年）（２０２０年10月12日アクセス）
28 前掲ＨＰ
29 富山県ＨＰ『とやまの地域共生』http://www.toyama-kyosei.jp/service/（２０２０年９月６日アクセス）
30 広井良典『ケア学　越境するケアへ』（２００１年、医学書院、１０７頁）
31 ２０１６年11月２日、「風の街」にて関博人理事長と筆者が面談した際の発言
32 あん公式ホームページ「ストーリー」http://an-movie.com/story/（２０２０年９月６日アクセス）
33 前掲ＨＰ
34 林権澤監督、１９９３年韓国映画、芸のために父親に盲目にさせられた娘ら「パンソリ」の旅芸人一家の物語
35 引地達也「まとめ『恨』について」伊藤哲司、山本登志哉編著『日韓傷ついた関係の修復』（２０１

1年、北大路書房、61‐62頁）
36 中嶋裕子『イタリアの地域精神保健を支える思想と制度』（精神保健Vol42、2011年、309‐315頁参照）
37 大熊一夫『精神病院を捨てたイタリア　捨てない日本』（岩波書店、2009年、107‐108頁）
38 前掲書、43頁
39 むかいやち・いくよし、北海道医療大教授、ソーシャルワーカー、社会福祉法人べてるの家理事

第3章

メディア・ジャーナリズムの視点からケアを考える

1　ジャーナリズムとしてのメディア

メディア論の基本

メディアという言葉が示す範囲は広い。そもそも私たちが意思を伝達するために用いたメディアは、私たち自身であった。すなわち、言葉が使われる前は、身振りや表情などの非言語コミュニケーションが用いられたと考えると、メディアは身体から始まったともいえる。現在メディアは媒介物と訳され、身体はもちろん、ラジオやテレビ、新聞という一般的な認識のほか、絵画もインターネットも電話もメディアである。富永はパーソンズのメディアの定義を、「社会システムの四つのサブシステム（経済・政治・社会コミュニティ・信託システム）が、相互にインプットとアウトプットを交換する『境界相互交換』のメディアという意味に用いた」[1]と要約している。それは社会のいたるところの交換として機能しているという解釈も成り立つ。

ケアと融合させた「ケアメディア」という言葉から連想するものを考えるとき、日本では「いのちの電話」を考える人もいるかもしれない。これは１９７１年に開設された、絶望的な悩みなどを「電話で応じる」仕組みで、24時間、年中無休で専門的訓練を受けたボランティアの相談員がプライバシーを保護しながら、公開された電話番号にかけた不特定の人たちからの相談にのる。この仕組みについて竹内らは「電話という機械技術、一定の社会の中に置かれた人間、そして特定の特質を備えた個人から構成される社会の三つ[2]」を成立条件に挙げている。メディアとは単純にメッセージの媒介物と訳されるが、「いのちの電話」という仕組みは、社会の文脈の中で展開される人と人のかかわり合いの所業であり、この「いのちの電話」そのものもメディアであるし、必要な3条件もそれぞれメディアとなる。

そのためメディアは単なる媒介物やツールという機能にのみ限定されるものではない。マクルーハンはメディアを「人間の拡張したもの」と位置付け、さらに「メディアはメッセージ」という有名な論考を展開するのだが、これは「いのちの電話」というメディアの分かりやすい説明ともなる。

いかなるメディア（すなわち、われわれ自身の拡張したもののこと）の場合でも、それが個人および社会に及ぼす結果というものは、われわれ自身の個々の拡張（つまり、新しい技術のこと）によってわれわれの世界に導入される新しい尺度に起因する、ということだ。だから、たとえばオートメーションの場合なら、なるほど、人間の結びつきに新しいパターンが出来て、固定した職務（job）を駆逐する傾向がある。それは否定的な結果だ。しかし、肯定的には、オートメーションは人々のために流動する役割（role）を生み出す。すなわち、昔の機械技術が破壊した、人間の結びつきと作業にたいする関わりの深さを生み出す、ということだ。[3]

いのちの電話がメディアだとすれば、それはメッセージでもある。設立後50年近く経過したが、時代の要請もあり、苦悩の中にある人を救うメディアとして、苦悩の中にある人を救えるというメッセージとしての価値は上がっているようにも思う。

メディアをツールだけではなく、メッセージとして捉えたとき、これまで論じてきた「ケア」の概念との類似性へも導ける。それは、どちらも「かかわり」に類するということだ。パーソンズの交換も含まれることになる。さらにメディアと「ケア」という言葉との融合により、より明確にメディアが目的性をもった「社会でのかかわり合いの中での所業」という役割が浮かび上がってくるのではないだろうか。

カルチュアル・スタディーズによるコミュニケーション視点

マクルーハンの『メディア論』が1960年代の保守主義傾向の政治を背景としたアメリカナイゼーションの象徴とするならば、英国のカルチュアル・スタディーズは当時のマルクス主義とは一線を画しながら新たな社会主義を目指す研究として認識されている。

それは「つねに誰が、何のために、何によって、どんな立場で語っているのかが問題化される」[4]。ここでレイモンド・ウィリアムズの『生産手段としてのコミュニケーション』[5]を検討し、コミュニケーション視点を吟味したい。

ウィリアムズは、コミュニケーション手段は「生産手段」として社会関係に不可欠な要素であること、歴史的発展に直接的に従属していることが前提であるとした。イデオロギー的障害として、「生産からメディアとみなされる」「自然と機械に分類される」等に言及した。「コミュニケーション生産の歴史に向けて」として身体性と非人間的な分類をし、それぞれのコミュニケーション領域を示し、「直接的」コミュニケーション・「非直接的」コミュニケーション、の二つに焦点をあてている。そして、そこから「新しい世界へ」向けて、今日のコミュニケーション・システム・手段における権力構造の構成要素が変容することにより、搾取者からそれらを奪回するというユートピア思想を導いている。

　コミュニケーションを生産手段としてとらえるとき、ヘーゲルは身体を使った目的合理的な生産行為を「労働」、言語を使った意思疎通する行為を「相互行為」とした。ヘーゲルはこの相互行為＝コミュニケーションよりも労働を重要な要素と見なしており、この考えは労働を重視するマルクス主義でも同様であった。ハーバーマスの論では、共産主義革命が成功したソ連や東欧のような共産主義国家（社会主義国家）で人間は「労働＝生産行為」だけでは幸福になれないという世界観を持ち、「労働」は飢餓と貧困から人民を解放し、コミュニケーションは政治的な支配と隷属から解放すると考えた。

　ウィリアムズの論考も同様の考えに通底するものがあるが、「阻害された人間的能力の『回復』を意味する」[6]という「社会主義」の有りようを再度確認する必要がある。彼が見据えているのは、おそらく「新しい生産手段を通じて、コミュニケーションと共同体との決定的な生産関係」[7]で、それを「より発達」「より複雑」[8]なかたちとしているが、それははたしてどんなかたちなのだろうか。

カルチュアル・スタディーズがいうように「言説による社会的連帯――それは必ずしも共同体や政治体ではない――を形成しようとする」[9]ならば、ここでいうコミュニケーションは何らかの意図を含んだメッセージを持つコミュニケーションの連続や塊がその社会的連帯の道具であり、これは当然目的を持ったメッセージとして広がっていく。

人とのかかわりにおいて、「ケア」に重点を置くコミュニケーションが成立する場合、それはそのまま「ケアメディア」として、人とのかかわり合いを重視する姿勢の表明であり、「ケア」を主眼に置いた社会的連帯につながっていく可能性を感じさせる。

このようにマクルーハンとウィリアムズの記念碑的な論考は、「ケア」と結びつくとき、その言葉の有効性が際立ってくるのが理解できるであろう。あるいは、「ケア」はメディアにもコミュニケーションにも内包されているとも考えられる。

2　ジャーナリズムの基本

「ジャーナリズム」とは何か

「新聞」を意味するフランス語の「ジュルナル（journal）」を語源とするジャーナリズムは、

日本では伝統的に新聞との関係が深い用語として認識されているが、それはメディアの中で新聞が大きな力を持ち、時には権力に対峙してきたという印象があるからだろう。浜田はそれを「ジャーナリズムが伝統的に備えてきた、情報にかかわるプロフェッションとしての役割、言い換えれば『メディアの主体性』は、これまで、新聞の公共性を支えてきた主軸であった」[10]とし、昨今はジャーナリズムの公共性という主体的な役割は消えていくのではないかと指摘した。

このジャーナリズムの主体性の中身を探るには、米国の著名なジャーナリスト、ビル・コヴァッチとトム・ローゼンスティールによる『ジャーナリズムの原則』が有効である。これは「ジャーナリズムが大衆の利益に役立っておらず損なっている」「大衆はジャーナリストに対する不信感と嫌悪が渦巻いている」現状を改善しようと、1997年6月、ハーバード大学の教職員クラブで行われた会合に参加したジャーナリストやメディア研究者により「危惧するジャーナリスト委員会」が結成され、2年間にわたり300人のジャーナリストへの聞き取り調査や会合の議論を経て、「危惧の声明」をまとめた書籍である。

2001年に刊行された同書は、ジャーナリズムを学ぶ者にとっての「バイブル」となっている。この中で、ジャーナリズムの目的は「人々が自由であり自ら統治するうえで必要な情報を提供すること」[11]との結論を導き出し、任務を遂げるための原則をまとめた。原則は以下9項目である。

1　ジャーナリズムの第一の責務は真実である

2 ジャーナリズムは第一に市民に忠実であるべきである
3 ジャーナリズムの真髄は検証の規律である
4 ジャーナリズムに従事する者はその対象からの独立を維持しなければならない
5 ジャーナリズムは独立した権力監視役として機能すべきである
6 ジャーナリズムは大衆の批判および譲歩を討論する公開の場を提供しなければならない
7 ジャーナリズムは重大なことをおもしろく関連性のあるものとするよう努力しなければならない
8 ジャーナリズムはニュースの包括性および均衡を保たなくてはならない
9 ジャーナリズムに従事する者は自らの良心を実践することを許されるべきである[12]

2人はこの著作から9年後、ジャーナリズムを取り巻く環境が変化したことに伴い、2010年に『インテリジェンス・ジャーナリズム』を発表した。その間の変化をこう説明している。「私たち一人一人に独自のニュースサイクルがある。未だかつてなかったようなレベルで、私たち一人一人が、どのニュースが真実で、信頼するに足るものであり、消費する価値があるものなのかを決断している」[13]を前提として、同書は「市民が充分に情報を得るために、どのニュースや情報が消費するに値するものかを意識的に判断し、どのように評価を下せばよいかというスキルについて明らかに」した、という。

前述の「ジャーナリズムの原則」では、ジャーナリスト側の原則を示したが、それは現在でも有効である。その上で消費者であり、時にはソーシャルメディアの発信者ともなる現在の市民とジャーナリズムのかかわりを踏まえ、『インテリジェンス・ジャーナリズム』では、消費者を含めた市民が「よりよいジャーナリズム」を判断するために、三つの視点を示した。それは「私はこの話題を誰かに説明できるのか」という自問自答、「必要なニュースを得ているか」のチェック、そして「情報ギャップへの対応」への質問である。以下の３項目と質問を「ジャーナリズムの原則」とともに吟味すると、あるべきジャーナリズムのかたちもつくられていく。

［自問自答の３点］

1　私はこの話題を誰か他の人に説明できるのか。自分の子ども、親、友人でも、とにかくその問題に注意を払っていない人に

2　もし説明できないとすれば、私には説明するために、どのような情報が必要か。あるいは私が理解していないこととは何なのか

3　私はどこで、その情報を手に入れることができるのか[14]

さらに説明の具体的なイメージとして「もし自分が、これを母親に手紙で説明するとしたら、何と言えばいいのか[15]」を合わせると考えやすい。

［あなたが必要なニュースを得ているかをテストする質問］

1　私は、どのような話題、どのようなニュースを知ったか。それをどこで得たか。それは重要か
2　そのニュースは、あるテーマについての私の知識をかなりの程度発展させたか
3　そのニュースは何か重要なものや根本的に新しいもの、新たなに理解を提供しているか
4　私は、自分が最も心配に思っていること、あるいは重要だと思っていることについて学んだか[16]

［情報ギャップ社会への対処――注意深い消費者になるための六つの疑問］
1　私が接しているのは、どんなコンテンツか
2　情報は完全に揃っているか。さもなければ、何が欠けているか
3　情報源は誰であり何なのか。その情報源が信用に足るという根拠は何か
4　どのようなエビデンスが示されているのか。それはいかに検証がなされたのか
5　もし考えられるとしたら、別の説明や他の理解のしかたとはどのようなものになるか
6　自分は本当に必要な情報を得ているのか[17]

これらの質問をジャーナリストはもちろん、消費者も問いかけることによって、必要な情報とその情報を取得するためのプロセスにおいて、ジャーナリストとしてのプロフェッショナルの所業が必要となってくる場合も浮かび上がるだろう。

この論考で指摘しているジャーナリズムの将来は「デジタルデバイスを使ってニュースを利用する人たちは、ますます方法や好みが細分化していくだろう。一人ひとりの市民が、自分用のニュース・パッケージを作り出すようになったり、自分でコンテンツを作り出すようになったりするだろう[18]」という。

この中にあって公共の利益を求めるジャーナリズムは、利己的な情報との競争が必須である、という認識だ。利己的な情報とは、政府機関では市民の「都合のよい反応」をつくるものであり、企業や非政府組織（NGO）は政治的な主張を強め「新しいリアリティ」をつくり上げ、エンタテイメント的な欲求により流行文化をつくり、人気を得たいメディアは偏った政治的な見方を強調し読者や視聴者にすり寄ろうとする――という。

この競争の中で同書はこう結論付けた。

今まさに発展中のコミュニケーションのテクノロジーがもたらした新しい環境を最大限に活用し、ジャーナリズムを創造しなければならない。それは、ジャーナリストと市民双方が参加して、お互いを理解し合っていくことだ[19]。

この結論は、後述するジャーナリズムとして展開するケアメディアの素地を示す心強い言説となると考えている。

日本のジャーナリズムの隆盛と衰退――日本の小史

日本では明治時代以降の近代国家としての歩みとともに、ジャーナリズムは時代に応じて育まれてきた。1870年に日本で最初の日刊紙「横浜毎日新聞」が発刊され、1872年に「東京日日新聞」(現在の毎日新聞)、「日新異事誌」「郵便報知新聞」が生まれた。明治政府は批判的な言論を封じるために新聞紙条例などを制定し対抗、多くの新聞記者が過酷な弾圧を受けるなど、政府と言論のせめぎ合いも始まった。

この間、政治評論が中心の「大新聞」と庶民向けの通俗的な話題を報じる「小新聞」の二つの系統が生まれ、小新聞は現在の朝日新聞や読売新聞など一般紙の形態につながっていく。1895年に日清戦争に勝利した後は産業化が進展し、貧富の差も生まれ、社会矛盾を報道するスタイルが「ペニー・ペーパー」(廉価新聞)として登場、黒岩涙香の「萬朝報」が有名だ。1904年の日露戦争では新聞界はほぼ主戦論を唱え、非戦論だった幸徳秋水、内村鑑三らは所属していた萬朝報を退社するが、両者が今でも「ジャーナリスト」として歴史に名前を残しているのは、政府と対峙して記者としての信念を曲げなかったこの時期の行動が大きい。

大正時代はデモクラシー運動とともに新聞ジャーナリズムの勢いが増し、時の内閣を退陣に追い込むまで力をつけることになった。この時の新聞に対抗したのが、シベリア出兵を強行するなどした寺内正毅内閣で、1918年の「白虹事件」は日本の言論史上の転換点ともいえる。これは強権的な寺内内閣に抗議する新聞界による記者大会の模様を記した「大阪朝日」の記事中に「白虹日を貫く」との表現があり、これは内乱が起こる兆しの意味であり、「国民に動揺を与える」として関係者が新聞法違反などで起訴された事件である。大阪朝日は村山龍平社長が辞任し、大正デモクラシーの先頭に立ってきた同社の有名記者、長谷川如是閑、大山郁夫らが退社に追い込まれた。この事件以来、新聞は「不偏不党」の精神に則り、「反政府キャンペーン」を行わなくなったといわれている。同時に新聞の企業化も進み、新聞が身を挺して言論を展開することもなくなっていき、組織に属する気骨あるジャーナリストの活躍の場はなくなっていく。

「白虹事件」で大阪朝日を退社に追い込まれた長谷川如是閑は、1929年の論考「現代の新聞と新聞記者」の中で「新聞社が企業化して、一般企業と同じ組織そのものが売買の目的物となるに従って同じ淘汰の起こることを免れない。福地源一郎、沼間守一、尾崎行雄、犬養毅、三宅雪嶺、島田三郎その他第一流の新聞記者が、新聞界から退けられたのは皆その過程においてであり、その当時からの一流記者であって今日まで孤塁を守っていた徳富蘇峰も、最近にこの過程の犠牲となることを脱《まぬか》れなかった[20]」と記した。

昭和に入ると、経済恐慌の不安の中、軍国主義が台頭し、1931年に満州事件が起こり15年戦争に突入するが、大手の新聞はそれらの流れに抗することなく、真正面から異を唱えたのは福岡日日新聞（現在の西日本新聞）の編集局長、菊竹六鼓や、信濃毎日新聞主筆の桐生悠々らほんの一部に過ぎなかった。

日本の無条件降伏の結果、6年7か月にわたる連合国最高司令部（GHQ）による占領の上でマスコミは統制された。それは「基本的な面はマスコミを通じて日本の民主化を促進すること」[21]が目的だった。それまで活躍していた徳富蘇峰らはひっそりと身をひそめ、この間のジャーナリズムは突出したスターも出てこないし、目覚ましい仕事も記録されず、記憶にも残っていない。徳富に限らず、戦前・戦中にいたはずの反骨のジャーナリストの固有名詞もこの時期には出てこない。60年安保報道などで各紙は戦後最大の大衆運動とともに論調も拡大していくが、結局はデモを自制するような態度に変化させるなど、最終的な「言論の勝利」まで至らなかった。それだけ、GHQによる統制は「効果的」であり、権力との対決を回避する機能が自然と働くという現在の日本のジャーナリズム環境はこの時期に培われたかもしれない。

ジャーナリストがジャーナリズム活動を発揮し、その固有名詞とともに成果を発信できるようになったのは、ベトナム戦争であった。鶴見俊輔や小田実らの市民運動も活発化し、その中にあって毎日新聞の大森実記者、朝日新聞の本多勝一記者らの戦場ルポは、戦場の実態を知らない読者に大きなインパクトを与えた。特に毎日の大森記者は当時、西側のメディアとして初めて、戦争下の北ベトナムを取材し、1965年10月3日の朝刊にルポを掲載。当時のライシャワー在日米国大使に「日本の新聞はベトナム情勢について均衡のとれた報道をしていない」[22]と言わしめた。

その後、メディアにおけるジャーナリズム活動は権力監視や市民の知る権利に応えようと奮闘しながら、時には真実を暴く結果を出しつつ、その報道活動はプロフェッショナルな技として多くの市民からの期待も寄せられることになる。この期待に応えた1人としてジャーナリスト立花隆がいる。立花による「田中角栄研究」（1974年）は、大手メディアができなかった最高権力者の実態に斬り込んでいった「調査報道」の金字塔として、語り継がれている。

調査報道とは「ひとことで言えば、ジャーナリズムによる公権力の監視」[23]（山本博・元朝日新聞社会部記者）である。補足すれば、当局に依拠しないで報道機関の責任で独自に調査・取材し、権力悪を追及すること、といえよう。

マスメディアの調査報道により権力による腐敗追及に至ったのは、前述の田中角栄研究（1974年）のほか、三越古代ペルシャ秘宝展疑惑（1982年）、東京医科歯科大事件（1983年）、薬害エイズ事件（1988年）、リクルート疑惑（1988年）、KSD疑惑（2000年）、旧石器発掘ねつ造事件（2000年）、大阪地検特捜部の押収資料改ざん事件（2010年）、学校法人森友学園に格安で国有地が売却された問題や首相主催の「桜を見る会」に関する疑惑等がある。これらの事件は概ね権力者による嘘や出鱈目を暴き、市民から喝采を浴びたケースといっていいだろう。裏返せば、市民及び読者は権力の出鱈目を暴くことを期待しているのである。

調査報道の活動は市民から事実上、付託された「権力監視機能」の発揮となるわけで、この付託によりメディアそのものも権力を持っていることを自覚しなければいけない。2015年の朝日新聞の誤報・謝罪事件における受け手側の思想背景には、「権力を持つメディア」と「権力を暴くべきメディア」という二つの顔への期待と裏切りが混ざり合っている複雑な感情の中にあって、「裏切り」の比重が一気に増した結果ともいえる。特に「誤報」を認めた「韓国の慰安婦報道」と「東日本大震災における福島原子力発電所における対応」報道は、朝日新聞がジャーナリズムにおけるプロフェッショナリズムを発揮し、スクープとして発したことが、受け手側の大きな反感と失望を招いた。トップが引責辞任するなど、朝日新聞の根幹を揺るがす事件であり、これも「白虹事件」同様に今後のマスメディアによるジャーナリズムの発展を阻害するものになる可能性となっている。事実、前述の安倍元首相に関する疑惑報道に迫力が欠けてしまったのは、これら事件の後遺症と考えられる。

真のジャーナリズムを体現するジャーナリストがいない現代において、朝日新聞の事件はマスメディア組織において、権力と対峙しようとするジャーナリズム的報道がなおさら難しいことを露呈した。それは、白虹事件当時の権力からの圧力だけではなく、ソーシャルメディアの発展など、新聞メディアに匹敵する新たなメディアの台頭により相対的に力が低下していることも原因の一つである。

当事者に近づく報道とは何か

ジャーナリズムが損なわれている原因はいくつかある中で、二つの点を指摘したい。それは、社会的要因と発信側の要因である。インターネットメディアの発展が社会的要因であり、発信側の要因のキーワードは「当事者感」の欠如である。「当事者」を切り口にして、ジャーナリストの佐々木俊尚は『当事者の時代』、当事者（四肢まひ）の中西正司、社会学者の上野千鶴子は『当事者主権』という著作を発表しているが、どちらも、「当事者」という立脚点からメディア不信への解決策を処方しているようにも見える。本書の立場から見ると、ジャーナリズムとケアを結び付けるキーワードとして重要な位置をなす言葉である。

ここで言う当事者について中西と上野は「ニーズを持ったとき、人はだれでも当事者になる。ニーズを満たすのがサービスなら、当事者とはサービスのエンドユーザーのことである。だからニーズに応じて、人はだれでも当事者になる可能性を持っている[24]」とし、「問題を抱えた人」を指す柔らかな表現として多用されている現状を踏まえ、「問題を生み出す社会に適応してしまっては、ニーズは発生しない。ニーズ（必要）とは、欠乏や不足という意味から来ている。私の現在の状態を、こうあってほしい状態に対する不足ととらえて、そうではない新しい現実をつくりだそうとする構想力をもったときに、はじめて自分のニーズとは何かがわかり、人は当事者になる。ニーズはあるのではなく、つくられる。ニーズをつくるというのは、もうひとつの社会を構想することである[25]」という。

当事者主権については「何よりも人格の尊厳にもとづいている[26]」とし、人が持つ自己決定権は「誰にも譲ることができないし、誰からも侵されない、とする立場[27]」だと説明する。

「当事者」という言葉を持ち出すことで、福祉や弱者救済のイメージに偏りがちになってしまうが、この定義になると、当事者はむしろ限定されず自由にその宿り主が変わっていくことを示している。それは私であり、私ではない。ニーズにより、それは私になり、私ではなくなっていく、ということである。さらにニーズに「ケア」を当て込んでみると、ケアでつながる人と社会の関係も結びついてくる。

ここでジャーナリズムの観点から「当事者」を語る佐々木の論考を紹介する。少々長いが、当事者とケアを結ぶ大事な論点が含まれているので、ところどころ解説を入れながら、展開したい。まずは毎日新聞記者であった佐々木の経験として、新聞記者が市民運動を取材することについてから始まる。


つまり市民運動は、しょせんは自分たちが紙面に出したい意見を代弁させるツールとしてしか使われていないのだ。

ということは、新聞記者は市民運動が大好きなのだろうか？

たぶん新聞メディアに批判的な多くの人は、そう見ているだろう。「市民運動とつるんでつまらない衆愚的な報道ばかりしやがって」と思っている人は少なくないはずだ。

しかし「記者は市民運動が好きか？」と聞かれれば、私は自分自身だけでなく、同僚や上司や後輩の記者たちを代弁して明快に答を言える。

「ノー」だ。[28]

佐々木はここで毎日新聞岐阜支局での若手記者時代を回想し、長良川河口堰の反対運動などの市民運動の取材経験から、取材の本音と建て前を明らかにしながら、きっぱりと市民活動が好きではない、と宣言した。さらにジャーナリスト、本多勝一を取り上げて、新聞メディア等の悪癖を詳らかにしながら、新聞記者が「市民」を取材する行為について批判を展開するのだ。

そして本多はこう書いている。

「ベトナム反戦運動自体はむろん良いことだが、『自分自身の問題』としてとらえられていない限り、単なる免罪符に終わる」

そう。〈マイノリティ憑依〉はしょせんはガス抜きの免罪符でしかならない。

エンターテイメント化された免罪符――それこそが〈マイノリティ憑依〉の本質である。そしてこれは、太平洋戦争の戦死者に対する日本社会に後ろめたさからの回避という問題にも、重なってくる。

斎藤茂男の「病んだSE」の記事もまったく同じだ。この記事はエンターテイメント化された免罪符として消費されるけれども、しかし読者に「自分自身の問題」として刃を突きつけることは絶対にない。実に、実に残念ながら。

自分自身の問題――つまりは、当事者としての意識。その当事者の意識を決して生み出さない〈マイノリティ憑依〉というパラダイム。ただひたすら、エンターテイメント化された免罪符として機能してきただけの〈マイノリティ憑依〉ジャーナリズム。

これこそが、日本の一九七〇年代以降のマスメディアとジャーナリズムの最大の病弊である。とはいえ幸運なことに、この病弊は右肩上がりの経済成長という対症療法によってうまく包み隠され、その病変が露わにならないですんでいたのだ[29]。

われわれがジャーナリズムを通じて知ることになる社会的弱者の物語は「マイノリティ憑依」による記事だったのだろうか。社会の発展と平等や博愛などの大きな理念の中で、記者は活動していると見せかけ、実は市民運動は好きではないとすれば、読者は新聞が描く憑依による物語に付き合わされたことになる。

この憑依は人間が本来持つ「ケア」の感情に突き動かされた結果としての行動によるもので、自然な所作の一部ではないかとの認識を抱いてしまうのだが、それは各記者の市民に対しての思いの度合いによるものかもしれない。

さらに佐々木はメディアを内部と外部に分け、それぞれの視点が断絶していることを問題視し、それが構造的障壁だと訴える。

メディアの空間は〈マイノリティ憑依〉というアウトサイドからの視点と、〈夜回り共同体〉という徹底的なインサイドからの視点の両極端に断絶してしまっている。この極端に乖離した二つの視点からの応酬のみで、日本の言論は成り立ってしまっている。

このメディアの〈マイノリティ憑依〉に日本社会は引きずり込まれ、政治や経済や社会やさまざまな部分が侵食されてきた。「少数派の意見をくみ取っていない」「少数派が取り残される」という言説のもとに、多くの改革や変化は叩きつぶされてきた。

そういう構造はもう終わらさなければならない。[30]

そして「今こそ、当事者としての立ち位置を取り戻さなければならない」[31]と結論付ける。この展開で再確認しなければいけないのは「当事者は誰か」ということである。佐々木はそれを2011年3月11日の東日本大震災から答えを導き出している。

現場を取材して報じるというのは、物語を描くことである。目にしたことをそのまま書いても、記事になるわけではない。そこにひとつの物語を仮定し、その物語を通じて読者に考えなり思いなりを伝える。もしその仮定した物語が妥当性を持ち、説得力があれば記事は読者に理解される。でも物語に妥当性がなく独りよがりだったりすると、読者に思いは伝わらない。だから物語をどれだけ説得力のあるものとして紡ぎ出すかが、書き手側の文章力、構成力といった力量になるわけだ。

だが、東日本大震災の被災地では、そうした物語を紡ぎ出すのはほとんど困難なように私には思えた。なぜなら被災者と取材者との間に、共感の空間をうまくつくりだすことができないからだ。結局のところ第三者の記者なんて傍観者にすぎないし、そういう第三者の記者が被災者の内面に入り込むなんてできっこないのだ。

被災者という当事者が紡ぐ物語。傍観者である記者が紡ぐ物語。それらの物語は圧倒的な津波の被災地を前にして、決して重ならないのだ。

メディアの記者は〈マイノリティ憑依〉し、自分の側へと物語を引き寄せようとする。それは当事者のつくる物語とは位相が異なっている。だがその位相の食い違いは、エンターテイメントとして記事を受け取る読者にはほとんど気づかれない。その差異に気づくのは、本当の当事者だけだ。

しかしこの圧倒的な津波の現場は、その位相の際をくっきりと際立たせてしまったように思えた。

被災地に立つ私の眼前では、一九七〇年代から日本のメディアがつくり上げてきた〈マイノリティ憑依〉というパラダイムが音を立てて崩壊しようとしていた。[32]

さらに最後にマスメディアが報じる「マイノリティ憑依」への弊害を説き、われわれ一人ひとりに問いかけてくる。それは当事者や非当事者を含め、限定された役割ではなく、私たち自身であり、あなたたち自身である。その自覚を促すために何が必要なのかが突きつけられるのである。

〈マイノリティ憑依〉の気持ちよさに抗して、宙ぶらりんの立ち位置を持続し、そして当事者として痛みを引きうけていくようなことは可能なのだろうか？[33]

これが可能かどうか問いかけるのは、メディアへの不信、社会への不安の表れかもしれない。「報じる」という役割においては、発信者は決して当事者になれないからこそ、「マイノリティ憑依」という技術を身に着けたのがメディアに生息する人たちであるともいえる。最終的には堂々巡りの議論になりそうである。私としては、ここからが「ケアメディア」に考えが引き継がれるとの見解だ。つまり人が本来持つ社会でのかかわり合いという意味におけるケアは、かかわり合いを通じて当事者への意識を自然と身に着ける。メディアに携わる人が当事者という立場に一歩踏み込んで職務を果たすことは自然である、との認識に立つことによって、メディアの仕事に新たな命が吹き込まれるのではないだろうかと考えている。

3　パブリック・ジャーナリズムとシビック・ジャーナリズム

概観——米国社会のニーズ

ジャーナリズムが当事者に近づくこと、という意味合いから考えた場合、最も近い概念は米国で始まったパブリック・ジャーナリズム並びにシビック・ジャーナリズムである。これはジャーナリストの素朴な問題意識や市民的感覚に端を発して展開される報道で、結果的に政治的・社会的広がりを持つものも少なくない。それは地方紙から発せられるケースが多い。大手紙との比較においては、それぞれの地方紙のジャーナリストが読者や市民に近い存在であり、この送り手と受け手の距離感が、当事者に近い報道を可能とする構造につながっている。

仙台市が本拠地の地方紙、河北新報の寺島英弥は、米国での実態を見た上でシビック・ジャーナリズムをこう説明する。「新聞が読者とのあいだの距離を縮める、交わり、たがいにかかわりあい、ともにつくる『場』となる――。シビック・ジャーナリズムは一言にすれば、従来の新聞のあり方を変えるアイデアであり、1990年代はじめ以来、全米の新聞の五分の一以上が実践しているという運動だ」[34]。寺島によれば、米国では地域の問題を知らせるだけではなく、改善することを目指した報道が1990年代に数多くみられたという。地元住民を招いての読書会やキッチンカーのピザ店で高校生と交流するなどの企画は、これまでのジャーナリズム活動の枠組みからは飛び出し、手法にはこだわらないスタイルで、寺島の定義のようにコミュニティ形成にもつながっていく。

この手法に対し、ニューヨークタイムズやワシントンポストなどの「高級紙」は否定的で、あくまでジャーナリストは客観的であり、当事者ではないという立場であるべきだ、という見解だ。この考えは日本の大手紙も概ね同様ではあるが、米国の場合、新聞紙面において論評やニュース、社説をはっきりと区別して扱っていることから、なおさらに相容れない土壌がある。

1990年代初めに米ウィスコンシン州でマディソンの地元紙やウィスコンシン公共テレビ・ラジオなどが共同で取り組んだニュース報道である「読者・視聴者に親しみやすくするために市民の政治参加・社会参加を促すキャンペーン」では、この報道後の読者・視聴者の選挙行動の反応は以下であった。「これまでの選挙よりも関心を持ち、知識が増えた」「投票に行く気になった」「選挙情報を評価する有効な道具を手に入れた」「メディア機関への評価が高くなった」[35]など。これを受けて藤田は「これらの評価は少なくとも当面、パブリック・ジャーナリズムの試みに希望を託せることを示している。（中略）市民の反応は他の地域の実権についても共通するものなのか、メディアの新しい手法がメディアの信頼性を損なうことはないか、こうした報道手法の変化と市民の反応が、本当に政治の過程を活性化させるほどの影響力をもちうるのか、といった問題がまだ残っている。これらの問いに対する答えを引き出すまでには、まだしばらく時間がかかるだろう」[36]とパブリック・ジャーナリズムの可能性への判断を留保した。そして現代も、パブリック・ジャーナリズムへの最終的な判断はまだ下されていないというのが個人的な見解である。よりよいジャーナリズムを模索するメディア界の可能性として生き続けているが、私自身はパブリック・ジャーナリズムの「発展系」もしくは「派生系」として「ケアメディア」の概念を位置づけたいと考えている。

設立過程と実例

パブリック・ジャーナリズム及びシビック・ジャーナリズムのはじまりは、１９９０年初めで、その時期を藤田は「戦後幾度か押し寄せたジャーナリズム批判の小さな波が一つにまとまって大きな波を形作った」[37]とする。直接のきっかけは１９８８年の米大統領選挙に関する報道だったとされる。この時の選挙は共和党のブッシュ副大統領（当時）と民主党のデュカキス・マサチューセッツ州知事との争いだったが、共和党の予備選から本選に至るまで、誹謗中傷が飛び交う、ネガティブキャンペーンにマスメディアも判断を失ったまま、双方の情報を報道し、当時は「史上最悪の選挙戦」といわれた。

誹謗中傷を伴う競馬予想的な大統領選挙報道は、結果的に読者の選挙参加を促すのに役立つどころか弊害でしかなく、それは市民感覚からの乖離に問題があるとの観点から、パブリック・ジャーナリズムが巻き起こった。パブリック・ジャーナリズムは、この選挙報道への反省を原点とし、市民の感覚や読者目線などのキーワードは傍観者的な姿勢からの脱却と問題提起と解決に向けた直接的なかかわりを促す点も含まれているが、定義付けは今もあいまいなままである。

最初に手掛けたとされるのは、カンザス州の地方紙「ウィチタ・イーグル（Wichita Eagle）」とされる。寺島の報告によると、1990年のカンザス州知事選の民主党予備選挙で、同紙は「政治取材のどんな経験や知恵からしてもチャンスがなかった」[38]予想外の女性新人候補が勝利したことに衝撃を受け、これまでの選挙報道が「候補者の選挙キャンペーンあるいは選挙対策のマネージャーの追いかけ、そのストーリーを報じ、勝ち負けを予想する慣習的な作業だった」[39]と反省し、選挙とは「さまざまなコミュニティに暮らす市民による選択のプロセスであり『解決すべき課題』を設定するのは記者ではなく市民であった」[40]ことに気付いたという。

これを受けて同じ1990年9月に同知事選の本戦に向けて「有権者のプロジェクト」を発足させ、州民に対する意識調査を行い、選挙民が選挙に対して最も関心のある争点を絞り、その争点をめぐる特集記事を連載した。さらに州内のテレビ局と協力し、選挙権登録や投票参加を呼び掛けるキャンペーンを実施したのである。結果的に、同紙の報道が投票行動に向けて「とても効果的だった」「最高に効果的だった」と回答したのが、1990年11月の34・8％から1

９９４年11月は75・４％[41]に上昇したのである。

　この後も米国の地方紙と地方テレビ局などのメディアが協力し合い、読者・視聴者のニーズをとらえ、時には候補者による討論会を実施するなどの展開を見せ、１９９４年の選挙では全米の90局以上の放送局が「選挙プロジェクト」を結成し、選挙報道の改革を行った。

　これらのメディアの改革やプロジェクトの背景には民間団体の支援があることも実施に欠かせない。この問題は自由な制度として模範的なメディアを目指そうとする米国社会のプライドから、各種団体の関心の高さをうかがわせる。特にピュー財団（Pew Foundation）はパブリック・ジャーナリズム実践における代表的な存在である。この財団はジャーナリストはじめメディア関係者と研究者らを結ぶ役割も果たし、その理念には「取材者本位ではない"Community first"（現場のコミュニティの人々優先）、"Readers first"（読者優先）の報道、新聞づくりを理念、手法、システムとして実践しよう[42]」というもので、これまでの取材者本位になりがちなメディアの姿勢に対してパラダイム転換を求めている。

「企業化」した日本のメディア企業は、外部からの提言などを受け入れにくい仕組みになっており、ピュー財団のような組織だけではなく、メディア研究者と一線を画する企業体質がある。この大きな違いを認めながらも、このウィチタ・イーグル紙の取り組みから約四半世紀経過した現在、２０１６年の共和党ドナルド・トランプ氏と民主党のヒラリー・クリントン氏による米国の大統領選挙で、報道は的確に情報を伝え、有権者の満足できる行動へと結びついたのだろうか。藤田が言うように、まだまだ取り組みは長い歳月をかけて挑戦し、答えを探さなければばいけないのかもしれない。

日本での展開と終焉

１９９０年代の米国ではインターネットが発展したが、日本で同様の動きを見せるのは２０００年に入ってからである。それは、新聞メディアからは始まらず、インターネットメディアの活用として、既存のマスメディアとは別の視点を持つ企業から生まれ、そこに一部のジャーナリストが呼応し、新たな可能性を見出そうとした行動だった。

これらはすべて「パブリック・ジャーナリズム」を標榜しており、先駆した米国を研究していたことをうかがわせる。以下が代表的な三つである。元朝日新聞記者で鎌倉市長を務めた竹内謙のインターネット新聞「JANJAN」が２００３年２月に創刊。２００５年２月には元共同通信社の小田光康が編集長を務めた「ＰＪニュース」、２００６年８月に韓国発で日本では鳥越俊太郎氏が編集長となった「日本版オーマイニュース」である。

これらは大手メディアの対立軸に位置する市民を「記者」として活用することから、市民が主体のジャーナリズムとされ、「市民ジャーナリズム」「市民参加型ジャーナリズム」、そして米国の例を倣い「パブリック・ジャーナリズム」「シビック・ジャーナリズム」ともいわれた。

一般市民の投稿を記事化する「市民型ジャーナリズム」の草分け的存在であるJanJanは、正式名称をJapan Alternative News for Justices and New Cultures＝さまざまな正義と新しい文化のために日本から発信するもう一つのニュース、という。「これまでのメディアの発想を一新する市民の、市民による、市民のためのメディア」を目指す、と宣言した。富士ソフト株式会社が親会社であったが、広告収入の落ち込みなどで、２０１０年3月末で暫時休刊となり、ブログサイトに移行したが、２０１４年2月末で停止されることになった。

日本版オーマイニュースはソフトバンクと韓国オーマイニュース社が合弁企業「オーマイニュース・インターナショナル株式会社」を設立し運営した。副編集長にはジャーナリストの青木理が就任。２００８年9月からは専門家情報等を掲載する専門サイト「オーマイライフ」に変わるが、２００９年4月に閉鎖となった。

ＰＪニュースは、ライブドア社長の堀江貴文（当時）が「日本経済新聞」に匹敵する日刊経済紙を創刊したいという考えを元に準備が始まった。ネット上での独自ニュース配信に方針が切り替わり創刊に至るが、２００６年1月に起きたライブドア事件から、堀江氏との表向きの関係はなくなった。最終的には株式会社ＰＪニュースが運営を行っていたが、２０１１年4月4日に組織形態が変更されて任意団体となり、株式会社ＰＪニュースは清算されボランティアベースに移行。２０１３年3月29日にすべての活動を終了した。

これらすべてが悲しい結末となった日本の市民型ジャーナリズムであるが、小田は創刊時の２００５年2月に「パブリック・ジャーナリスト宣言」を発表している。宣言は当時の熱を端的に表現しているが、これは小田だけではなく、メディアの一部の人間がインターネットメディアと市民記者の可能性を感じていた時代の証言でもある。

以下は宣言の前文である。

「一つの妖怪がジャーナリズム界を徘徊している。『パブリック・ジャーナリズム』という妖怪が」。いつの時代から、ジャーナリズムがメディア企業の専管事項になったのだろうか。公共民（パブリック）がニュースを報道してはならないのだろうか。情報通信技術（IT）革命で、インターネットという広大無辺な空間が出現した。世界各地でインターネット空間を利用した、パブリックによる、パブリックのためのパブリックの統治によるジャーナリズムが芽生えている。[43]

冒頭は有名なマルクスとエンゲルスによる「共産党宣言」のはじまりの一文である「ヨーロッパには妖怪が出る——共産主義という妖怪が」を模したもので、時代を変えようという熱意をうかがわせる。宣言は以下に「市民参加型ジャーナリズムの出現」「『マスコミ』というジャーナリズム界の異質者」「プレスの自由はパブリックのもの」「パブリック・ジャーナリズムというレコンキスタ」との項目を論じ、以下で結ばれる。

プロであるか、アマチュアであるかは問わない。情熱と判断力の二つを駆使しながら、堅い板に力を込めてじわっじわっと穴をくり貫いていく人間だけが、個人の良心に支えられるジャーナリズムへの「ベルーフ（天職）」を持つ。その人間をパブリック・ジャーナリストという。

そして、パブリック・ジャーナリストは、「マスコミ」に植民地化されたジャーナリズム界を奪還するレコンキスタを展開し、パブリックが自由で、自ら統治するうえで必要な情報を提供することを目指そうではないか。[44]

冒頭の熱意は最後まで発揮され、決意表明から一歩踏み込み、「心ある人」への連帯を呼びかける決議文の印象もある内容は、権威を振りかざす「権力」に対抗しようとした気負いもうかがえる。これは１９６０年代の安保闘争からの歴史を引きずっている対立局面における作法や習性のようなもので、そこに時代が要求する理を指し示すことはなかった模様だ。それが時代の熱というものなのだろう。

あらたなメディアの可能性に心踊らされたこの頃の熱は、「市民型」という美しい響きで奏でられた。しかし「巨大資本」「マスメディア権威」という、市民にとっては「あちら側」だったものが、あらためて近くに寄り添えるとなった時、市民は違和感を覚えた。

紹介した三つのメディアはそれぞれ富士ソフトシステム、ライブドア、ソフトバンクと当時の大きな資本に支えられて発足し、資本の論理の文脈からすれば、これら親会社の事業としてのメディアは、集客し、集客することで得られる利益誘導の仕組みの一つでしかない。そこに「市民型ジャーナリズム」という時代を先取りするキーワードが、ショウルームの看板となったに過ぎなかった。紹介した3社の立場からすれば、新聞メディア等伝統的なメディア産業は聖域化し新参者を排除する姿勢に終始しているから、ならば対抗手段として、「市民」を味方につけるのは、闘いの常とう手段といえるだろう。

この新しいメディアを推進しようとしたジャーナリスト達の志は間違っていないものの、振り返ればＩＴバブルによる資本の論理に踊らされた。ＩＴが新しい価値観を産み出せると多くの人が信じた時代であった。この苦い思い出を未だに脱却できないまま、歳月は流れているのだが、理念としては、ここで概念化を打ち立てたい「ケアメディア」と通底するものがあり、日本の市民型ジャーナリズムの動きは大いに参考になる事例であるのは間違いない。

4　ケアメディアを導くケアジャーナリズム

新聞綱領の倫理観

ジャーナリズム研究は、報道対象が存在する「現場」を知る報道機関所属の記者及びジャーナリスト、そしてそれらの経験を持つ研究者による現場主義と、確固たる理論を出発点とする効果研究との融合により初めて実証効果的な結果を生み出せると考えているが、これまではメディア企業が「現場主義」を聖域化し、神話化してしまい、実証効果を導く過程の妨げになってきた印象がある。

つまり事件の真相を見極めながら報道するプロセスは、事件を捜査する刑事のカンに似て、感覚的であり、動物的であり、極めて自己満足に近い欲求による行動や粗野な思いによる取り組みの積み重ねにより築き上げられた経験則のように思う（マスコミの行動規範とそのプロセスが粗野であるのは、一般のビジネス常識と比較すると分かりやすい）。

この二つが混じり合う困難を認識した上で、本研究においては「ケア」の思想を整理し「メディア」の特性を確認しつつ、「ジャーナリズム」なるものをとらえ直さなければ「ケアメディア」の概念化にはたどり着けないと考えている。

ケアという思想をメディアという媒介物で伝えるという構造の中には、当然ジャーナリズムという手法によるものという前提があることを基本に置きたい。この基本については、メディアの機能と意味の拡大によって、批判や指摘の矛先になっている現状がある。ここでは、その大きな流れとエッセンスを取り上げ、問題の整理をする。

まずは、日本のジャーナリズムについて、「新聞の倫理」がジャーナリズムの姿勢の基本であるとの前提に立ち、「新聞倫理綱領」中の「倫理」を備えた箇所を確認する。

・新聞倫理綱領

国民の「知る権利」は民主主義社会をささえる普遍の原理である。この権利は、言論・表現の自由のもと、高い倫理意識を備え、あらゆる権力から独立したメディアが存在して初めて保障される。

新聞の責務は、正確で公正な記事と責任ある論評によってこうした要望にこたえ、公共的、文化的使命を果たすことである。

言論・表現の自由を守り抜くと同時に、自らを厳しく律し、品格を重んじなければならない。

特に他者を意識し、「ケア」が関わることに必達する概念には、人に付随する「高い倫理意識」が重い意味を持ってくる。その上で「あらゆる権力から独立したメディア」が倫理を保障すると解釈してよいだろう。ここで「自らを厳しく律し、品格を重んじ」が、組織母体と記者個人の両方にかかるものであると理解すれば、前提は完成することになる。その上で新聞倫理綱領の以下5項目である「自由と責任」「正確と公正」「独立と寛容」「人権の尊重」「品格と節度」が基本姿勢として活きてくる、という構造である。

新聞倫理綱領は日本における新聞業界の普遍的理念であり、読者の新聞離れ現象、ソーシャルメディア領域の拡大によるメディアのインターネット化、コンテンツのデジタル化という報道を伝えるメディア環境の激変の中にあっても、基本姿勢は変わらない。変わらないまま、周辺環境は激変し、読者が求めるニュースも変化し、ジャーナリズムへの視線や求める役割も変わってきている。これが読者とメディア企業との自己理解と他者理解の認識の乖離を招き、信頼が損なわれている原因となっているのではないだろうか。藤田は、この状況を深く憂慮し、メディア側に「倫理意識」の見直しを促していた。

メディアが多様化し情報の流れが複雑になったデジタル時代の今、社会におけるジャーナリズムの役割が改めて問い直されている。ジャーナリストの活動にこれまでになく厳しい視線が向けられている。そうした環境は、メディアが、ジャーナリズムが改めて市民にその役割と存在意義を提示し、理解と信頼を得るための好機ととらえるべきだろう。ジャーナリストもその活動のよりどころである行動規範、基準を再確認し、日々の仕事がそれにのっとった、高度の倫理意識を求められるものであることを示す機会と考えるべきだろう。[45]

現場出身の研究者として位置付けられる藤田だが、ベトナム戦争への現場取材やワシントン特派員など共同通信社の外信部の取材領域が藤田にとっての「基本現場」であり、それは明らかに政治部出身や社会部出身とは違うものである。政治部、社会部が内向きなのに対し、外信部は外向きで、ここで語られる倫理観も米国流を中心とした国際スタンダードを意識したものと考えられる。特に現場出身者が「倫理観」という言葉を使う場合には、倫理からかけ離れた取材現場を知っていればなおさらに、倫理を逸脱した行動をする記者らを知っているだけに、気恥ずかしい思いにかられるのではないだろうか。

いずれにしても、環境の変化を倫理観の見直しの好機と捉えていたことを重く受け止めるべきではないかと思う。ジャーナリズムにケアの視点を入れ込む、という本研究の試みは以下で述べるように、これまでのジャーナリズムが「正義の倫理」でその思想や姿勢が固められていたところに、「ケアの倫理」を共存させることの試みでもある。倫理を見つめ直す時はまったなしのはずだ。

仮にジャーナリズムが倫理から離れた場合、それは社会の法則のように、ジャーナリズムは自己利益へと導かれると考えられる。結局は私企業や私利を求める個人へと向かう何らかの示唆と誘導でしかない、との悲観論も、新聞社が私企業である限り否定はできない。それが「冷笑主義」として、蔓延している事態につながっているというのは佐藤卓巳の指摘である。

> 社会関係資本の減少に抗してジャーナリズムが果たすべき公的責任は大きいはずだが、その政治批判は人々に冷笑主義（シニシズム）を蔓延させているだけのように見える。〈中略〉こうした冷笑主義と社会不信は「よき市民として振舞うことなど愚か者のゲームだ」とするビジネス思考と結びつき、結局は他者への一般的信頼感、つまり「社会関係資本」を減少させている。しかし、冷静に考えてみれば、自己利益の追求と全体的利益はしばしば一致するし、政治家がすべて自己利益のみで動いていると考えることは経験的に誤りである。[46]

これは理想を忘れた現実主義の言行と一致するのではないだろうか。ここから現代の問題点を考えてみる。ビジネス思考に結びつく結果としての「冷笑主義」は、林利隆が指摘する「消費社会の至上主義的発想」と言い換えられるだろう。社会全体もメディア社会も、この市場主義の呪縛から抜けられない。これはメディア不信とパラレルになっていて、呪縛という不自由な状態は、自由を確保するべき報道とは真逆な立場でいることにほかならない。林利隆は資本主義の中のメディアが、その環境にとらわれ過ぎていると主張する。

ややもすると消費社会の市場主義的発想にとらわれすぎていたのではあるまいか。情報の生産主体（送り手）―消費主体（受け手）という図式が象徴するように、この時代の消費社会状況を背景に、メディア・システムにおけるジャーナリズム活動と技術の問題性をマーケットの問題構制のなかに強引に押し込めるという過ちをおかしていたかに思われる。[47]

この問題をどうしたらよいだろうか。そのヒントとして林利隆は啓蒙性をキーワードにしている。「公的領域と私的生活世界の水平的回路を自由に流通」が、その具体的なイメージだが、この二つを結ぶものこそ、私自身は、これまで検討してきたハイデガーの意味するところ、並びにミルトン・メイヤロフの言うところの「ケア」だと考えている。以下は林利隆の論考である。

啓蒙性は、それに適切なコンセプトを注入することが可能となれば〈いま・ここ〉のジャーナリズムの社会的存立根拠を確固なものとし、メディアの公共性の価値をこれまで以上に担保することになろう。〈中略〉今日的啓蒙性とは、知識と情報が、ジャーナリズムにおける〝出来事の翻訳化〟という実践を通じて社会の公的領域と私的生活世界の水平的回路を自由に流通する状況のなかで、現前するものと考えられる。出来事の開拓から開示へという操作を経て、ジャーナリズムは、文字どおり社会の見えざる領域、隠れた分野を照らし出すのである。[48]

その上で、別の論考では、権力であるジャーナリズムが、力から離れること、その力から抜け出すことによって「真の自由」を手に入れられると指摘する。なんともロマンティックな響きであるが、この感覚はジャーナリズムを標榜するメディアが自己陶酔に陥るパターンであり、注意しなければいけない点でもある。

ジャーナリズムからも個々の市民からも、そして公権力からも遊離しつつ、なお私たちを拘束しているもの、そして個々人の理性レベルでは誰もがそれを疑っているもの、このようなステレオタイプを、公権力、社会的権力と区別して、「言説権力」と呼ぶとすると、確かに言説権力を規律する法制度も法理論も現在のところ存在しない。すでに見たように、確かにジャーナリズム自体も言説権力であるが、それは、ステレオタイプを強要してくる世論という名の「もうひとつの言説権力」に呪縛された言説権力である。かかるもうひとつの言説権力から自由になることこそが、ジャーナリズムを真に自由なものにするのかもしれない。[49]

最後にラディカルな位置からの指摘を考えたい。メディア論・ジャーナリズム論について語るとき、権力の監視装置であることを意識すればするほど、メディア自体が権力化してしまうことは免れない。これを厳しく批判しているのが、浅野である。浅野は１９８４年から日本の犯罪報道が警察情報に全面依存している現状を批判、市民に優しく、権力に厳しいジャーナリズムを創設するように提言、併せて、メディアの倫理に関するプレスオンブズマン・報道評議会などのメディア責任制度の導入を訴えてきた。[50] この態度で市民がメディアの犠牲になることに問題を警鐘し続けており、この点では私も同じ問題意識を持ってはいるものの、議論がジャーナリズム界における小さな政治化を招き矮小化してしまう可能性も否定できず、この点に交わるつもりはない。従って本論では、浅野の議論は取り上げないが、プロセスの中では検討していることは記しておきたい。

周縁という立場――林香里の提議を検証

本論の重要なキーワードである「ケア」について、これまでは「ケア」そのものの持っている意味を多角的に考えてきたが、ここからは、メディアやジャーナリズムに「ケア」概念を入れようとする動き並びに既存の言質を取り上げたい。代表的なのは林香里と小玉である。基本的に女性の立場からの女性の視点という印象があるが、これは「ケア」という言葉の性質が、女性的であり、さらに日本社会においては、「弱きもの」「支援が必要なもの」に対しての施しのニュアンスが強いために、避けられない現象かもしれない。

この「弱きもの」は、高齢者や子ども、障害者や女性が一般的で、そのほかに社会的なマイノリティの立場で社会サービスが受けにくい人々だったり、何らかの理由により不都合を被る日本国籍外の人であったり、対象は様々である。また考えの起点によって「弱きもの」も変化する。殺人事件を起点とすれば、「弱きもの」は被害者であり、被害者家族であるが、メディア報道の過熱により加害者やその家族が必要以上に社会的な制裁を受けている場合は、その加害者や家族が「弱きもの」となる。その基準や判断を誰が決めるのかが問題となる。

林は「マスメディアの衰退」状況に陥った報道倫理の代案として「ポスト・リベラリズムの対抗軸」のひとつである「ケアの倫理」の導入を試み、「マスメディア・ジャーナリズムの古典的倫理を相対化[51]」している。そして、「筆者も『ケア』の概念を社会の多様な領域において敷衍すべき現代の重要な価値を含んでいるものと考える[52]」の姿勢に私は共感を覚えている。

この展開として林は、マスメディア内部に「もう一つのジャーナリズム」としての「ケアのジャーナリズム」の存在を定義することによって「言論・表現空間により強い意味での多元性と複数性実現の扉を開き、そこから新たなジャーナリズムのあり方を発見できる[53]」との立場であるが、「もう一つの」の部分において、私は「ケア」を敷衍するとともに、ジャーナリズムを敷衍した上で、その合致点を見つけたいという欲求にかられている。そして、ここが今回の概念化の重大なポイントだと考えている。

林は「ケアの倫理」概念を心理学者キャロル・ギリガンの発達心理学的知見を起点とし、ロールズの「正義の倫理」を取り上げ、この「正義の倫理」がメディア倫理の基底にあるものとし、二つの倫理を比較している。二つを並べると、正義の倫理が男性的であり、ケアの倫理が女性的であるかが明確になる。「問い」に対する答えは、正義では直線的な答えを求めているのに対し、ケアでは包み込むようなやり方への疑義であり、道徳的命令に正義は侵害を禁じ、ケアは承認を欲求している。また人間観で正義が直線的な個対個の関係性に対して、ケアはネットワークの可能性を感じさせている。最後の道徳的問題の発端では、正義が「優先順位」「不公正の是正」との枠組みを気にしているのに対し、ケアは「衝突回避」「苦痛緩和」という柔らかな対応が優先している。

林は、さらに比較による誤解に細心の注意を払いつつ、次の展開として「客観的ジャーナリズム」と「ケアのジャーナリズム」の比較をしている。言い換えれば、客観的ジャーナリズムはこれまでのスタンダードなスタイ

	問い	道徳的命令	人間観	道徳的問題の発端
正義の倫理（J・ロールズ）	・何が「正義」にかなうか ・いかなる状態が「公正」か	個人の普遍的基本的人権と自由を侵害してはならない	自律した理性的個人、他者との「分離」	・人間の諸権利の競合について、いかに優先順位をつけるか ・客観的不公正をいかに是正するか
ケアの倫理（C・ギリガン）	・他者のニーズにどのように応答すべきか ・「正義」はいかに実現するか	人間の特異な個別性を承認し、誰ひとりとして取り残されたり傷つけられたりしてはならない	相互依存性、ネットワーク的存在	・さまざまな文脈における複数の責任の衝突をどう対処するか ・主観的苦痛をいかに緩和するか

（出典：林香里『〈オンナ・コドモ〉のジャーナリズム』岩波書店、2011年、34頁）

客観的・ケア・ケアメディアのジャーナリズム比較

	客観的ジャーナリズム	ケアのジャーナリズム	ケアメディアのジャーナリズム
基底思想	自由主義	ケアの倫理	ケア＋正義
人間の一般的性向	自己完結的、自律的	相互依存的、ネットワーク的関係性	自己規律を尊重するかかわり合い（相互依存的）
ジャーナリストのあり方	対象から独立、観察者	対象に依存、支援者	対象から独立しつつも当事者感
テーマ	権力、事件、コンフリクト、イベント	個人のニーズ、苦悩、悲しみ、日常	日常から権力はつながっている前提の日常
取材対象	政府、企業、各種団体などの既存組織、プロフェッショナル、専門家など	未組織の個人、当事者、素人	ソーシャルメディアの発展により、ヒエラルキーに関わらずすべて
ジャーナリストとしての職能	スピード、正確さ、バランス、複数性、意見と事実の峻別	人から言葉を引き出すこと、相手への思いやり、問題の察知	権力監視と問題抽出、事実提示、倫理観と想像力
スタイル	客観的、情報提供的	主観的、コミュニケーション重視、ストーリー・テラー、対象への共感	主観と客観のバランス、当事者目線のストーリー
目的	アジェンダ・セッティング	コミュニティ動員、社会的コミットメント	かかわり合いの活性化と共鳴の形作り

（林香里『〈オンナ・コドモ〉のジャーナリズム』岩波書店、2011年、36頁を参考に引地の部分付記）

ルであり、先ほどの「正義の倫理」に基づく従来の考え方である。林が新たに考え出した「ケアのジャーナリズム」は前述のケアの倫理を踏まえたものだが、ジャーナリズムそのものに正義の倫理が入り込んでいるから、「ケアのジャーナリズム」を形作るのには苦労したのではないかと思われる。

しかしながら、ケアメディアの概念化を目指す本論としては、ケアのジャーナリズムから時代の日々の変化に伴い、基底思想を「ケア」と「正義」の融合で考えていき、これをいったん「ケアメディアのジャーナリズム」と書き込み、作業上の区別としたい。

ここで客観的ジャーナリズムとケアのジャーナリズムで相反する議論は、米国におけるパブリック・ジャーナリズムの導入と批判のそれぞれの言い分とも重なる。藤田によれば、パブリック・ジャーナリズムは、もう少し市民や地域に密接にかかわりをもつべきだ、と考えることが基本で、そのために傍観者的な姿勢から、問題提起し解決策を見出すために積極的な役割を果たすために様々な手法で展開される報道であり、ケアの論理に近いが、米国には反論もある。それは「客観主義報道の原則に反する恐れ」「読者・視聴者主導型の報道に陥る危険」54である。ケア、パブリックなど言葉は違うが、問題意識とジレンマは同じようである。その問題を捉えつつ、ケアメディアのジャーナリズムを発展させていきたい。

林は、地方紙の記事や難病に関するドキュメンタリーを題材にし、この「ケアのジャーナリズム」を検証しているが、まとめとしての以下が、ケアのジャーナリズムの輪郭を示し、それは「もう一つのジャーナリズム」という位置づけを確定するもののような気がする。

「ケア」の視点は、媒体資源や言論・表現能力、情報発信において圧倒的に優位に立つ職業ジャーナリストたちが、社会で助けを必要としているマイノリティたちや絶対的弱者たちに対して優先的に声を与える義務を負っていることを教える。また、そのためにはマスメディア側が時として「公正さ」や「中立」を越えて「偏向」することを求められる局面があること、そして親密圏に立ち入る必要があることを教える倫理でもある。マスメディア・ジャーナリズムは、市民社会との「ケア」の関係を結び、自らのあり方をそのつど相対的かつ文脈的に捉えていくことによって、逆説的に職業集団としての能動的かつ積極的な存在意義を再発見できるのではないだろうか。[55]

ここでジャーナリストたちに気づいてほしいフレーズが「社会で助けを必要としているマイノリティたちや絶対的弱者たちに対して優先的に声を与える義務」である。優先的に伝えるべき声を探し求めて記者たちは、記者クラブではなく、世間に向かう、というのが理想であろう。朝日新聞の大熊一夫が1970年に精神病患者を装って精神病院に入院し、病院内の劣悪な環境や人権侵害を同紙夕刊の連載記事にて暴いた『ルポ・精神病棟』は、そんな姿勢の一つとしての歴史である。この記事は、精神医療関係の団体らから猛反発を受け朝日新聞も抗議の対象になり、大熊は「ジャーナリストは、ペンという武器を持った凶悪犯だとつくづく思います。

問題はだれにとって凶悪か、ですが[56]」とし、権力から批判を跳ね除ける気概をみせていたが、今ならば、「忖度」の結果、このような連載は実現できないのが日本のマスメディア環境であろう。結局、前述の佐々木が言う「マイノリティ憑依」で、優先的に取り上げる声を記事として処理しているのに過ぎないのである。

しかしながら、プロフェッショナルな記者として磨かれるべき正義感や倫理観に関する項目について、どれだけ記者たちは学習してきたのだろうか。記者たちが、ケアを意識して仕事を完遂するには、根本的なメディアの功罪を見つめ直さなければいけないのかもしれない。

さらに、林はもう一つの視点として、われわれが今まで論じてきた「ジャーナリズム」をメジャー＝主流として、主流の中では反省点を踏まえての意識改革はもはやなしえないという立場の上で、「周縁」という概念を持ち出し、意識改革の可能性を探る。一方で、近代自由主義思想の延長線上でのジャーナリズムの可能性を否定し、公共性についても「アンビヴァレント」だとする刺激的な考えを展開している。以下がその考えを箇条書きにしたものである。

1　ジャーナリズムという主体的な意識活動は、マスメディアの周縁に宿る

2　ジャーナリズムの新しい可能性は近代自由主義思想の延長線上には、もはや見出すことができない

3　マスメディアというシステムは、現代社会において「公共性のアンビヴァレントな潜在力」（ハーバマス）をもつ。そしてそれは、文化の違いを超えて認められる[57]

さらに上記各項目の詳細のエッセンスは以下である。

1　民主主義に価値の基準を置くジャーナリズムの核心とは、システム維持をその一義的活動目的としなければならなくなってしまったマスメディアの中心部分よりも、むしろその周縁において発生しやすい。マスメディアの周縁の媒体にとってこそ、ジャーナリズムの意識は、その活力であり、存在をかけた活動である[58]

2　今日の〈マスメディア・ジャーナリズム〉は、その思想性を喪失している。しかし、そのことを別の観点から見るならば、これまでのジャーナリズムが思想性をもってはならないという思想、あるいは「『中立的』で『客観的』であるべきだ、という思想」をもっている、ということだとも言い換えられる[59]

3　マスメディアが透明なる情報媒体として、社会の情報の運搬機能を果たすことはもはや不可能であろう。それは誕生時からの発展過程を通して常にイデオロギーをはらんだ情報媒体であった。加えてそれは、市場原理の下に置かれた私企業によって運営されている[60]

林はこれらの考察を導く素材として、日本の新聞における「家庭面」（生活面）、ドイツのオルタナティヴ新聞「ターゲスツァイトゥング」、米国の「パブリック・ジャーナリズム」の三つの事例を紹介しているが、この三つに備わっていた共通の精神として、以下を挙げた。

1　ジャーナリズムを対立的意識の言論空間と見なしたこと
2　ジャーナリズムを歴史的な見地からイデオロギーの力学と見なしたこと
3　「現代の〈政治的なるもの〉」とは何か、ということを考え、社会に示そうとしたこと[61]

ここでジャーナリズムを対立的意識の言論空間と見なすいさぎのよさが、新たな可能性の道をクリアにすることにつながるだろう。しかし、これまで「新しいメディア」とされたものは、明確に対立を認識してこなかった。前述した日本の「市民型ジャーナリズム」も、母体の経済組織が「対立的意識」を持ってはいたが、運営するジャーナリストらは、威勢よく「新たなメディア」を標榜しても、結局は既存の概念から逃れられなかったのである。林が「周縁」概念として展開しているこれらの言論空間は、現在ではすでに「中心」に位置づけられてきているのではないだろうか。それはそれぞれが自覚もないまま、様々なメディアが乱立する中で、主流がぼやけてしまっている現状もある。

また家庭面について、林は別の論考で「よき『くらしジャーナリズム』とは、誰の利害にも拘束されない不偏不党のジャーナリズムというよりも、弱者の側に寄り添って、その人たちのくらしがよくなるようにともに考えていく、ほかでもない『ケアのジャーナリズム』ではないだろうか[62]」と、家庭面こそケアジャーナリズムの中心があるとの指摘をしている。

一方の小玉は「メジャー」への対抗としての新しいコミュニケーションを示そうする立場ではあるが、コミュニケーションの文脈の中で、仕組みよりも「情」と「理」というコミュニケーション受容における人間の心理で区別している点で、一般的にわかりやすい論考となっている。

メジャーな考えを伝える「メジャー・コミュニケーション」、そして、主流とは違う視点からのオルタナティブな考えを共有する「シェア・コミュニケーション」につづいて、わたしが考える第三のコミュニケーションのあり方は、心を癒す「ケア・コミュニケーション」である。前の二つがどちらかというと、「理」を中心に知識や情報を伝えるコミュニケーションであったのに対し、ケア・コミュニケーションは、「情」を中心に知識や感情を伝えるコミュニケーションである。[63]

ここでは「ケア」という言葉を使っているが、コミュニケーションの文脈で扱う言葉にしては、やはり看護や医療の分野から派生したものと考えられ、この領域では馴染が浅く、まだ扱いにくい印象がある。それは「『ケア・コミュニケーション』になるかどうかは、メディア内容がある人にとって心の回復や癒しにつながるかどうかで決まってくる[64]」との記述により、「癒し」を目的にしていることが明確である。さらに「どのような内容が心をケアするかについては、多少議論があるだろう。たとえば、ケアを必要とする原因によりそれは違いがあるし、また同じことでも人による違いがある。一般的には、他者の自分への理解と共感が必要だ[65]」としている点から言えば、これは林とは別の「癒し」のコミュニケーションであり、それは女性的なケアの倫理の文脈にある「ジャーナリズム」ではなく、コミュニケーションと捉えつつ、別の論考では「テレビジャーナリズムに取り組んでほしいこと」として、「ケア」を位置づけている[66]。

理解と共感を得るためにコミュニケーション並びにマスメディアが何をすべきかが、問題である。ケアの切り口から、私は当事者意識が一つのキーワードであり、「ケア」概念の捉え直しもポイントだと考えている。小玉のいう「共感」を得るために、「新たなケア概念」を提示しなければならない。そして再度「ケア」の原則に戻るときに、清水の「キバのないジャーナリズムは無力であるが、やさしさに欠けたジャーナリズムはその鋭いキバゆえに凶器とならざるをえない[67]」との指摘を考え、ジャーナリズムとの共存を考えるのである。

ジャーナリズム再考に向けて

「ケアメディア」の概念を打ち立てようとするとき、ケアとジャーナリズムの融合をはかる作業には、ジャーナリズムへの肯定と、そして否定も検証しなければならない。肯定の部分では、ジャーナリズムが社会を変えてきたという事実である。

社会を変えるという視点に立つとき、例えば1979年のイラン・イスラム革命において「カセットテープ」というメディアの果たした役割の大きさがクローズアップされた。国外亡命中の革命指導者ホメイニ師の説教が流布し影響を与えたのである[68]。この現象は、1980年代の韓国の民主化でも、アラブの春でも、秘密裏に拡散された情報が革命のエネルギーに結びつく結果を導くという点で同様であり、中国の天安門事件は、共産党指導者がメディアによる情報拡散を阻止しようした結果の強硬措置であり、その結果の衝突であった。

結局、情報は安心を与えると同時に、場合によっては憎悪をかきたてる性格を持っているため、歴史上、世の中の衝突はメディアが常に大きな影響を及ぼし、重要な役割を担ってきた。この「メディア」の動きはジャーナリズムの原則に導かれた動向であると考えれば、このジャーナリズムと「ケア」の親和性を考える視点も検討し、憎悪ではなく安心への導きを考えたい。その前提として、再度、原寿雄の原則をかみしめてみる。

誰に対しても批判の自由を確保するために、ジャーナリズムは何者にも従属しない。政治的な立場を表現すれば、権力からも資本からも自由な「ジャーナリスト党」となる。権力も資本もその自由を許容して、初めて自由で民主的な社会は可能となる。[69]

権力から離れ真実を追究する手法については、前述の『インテリジェンス・ジャーナリズム』の「いかにして真に重大な問題を発見するか」に詳しい。さらに日本で著名な現代のジャーナリストのスタイルや実際の事件等でのケーススタディも考えなければいけない。ジャーナリズムは「自由」の確保とのたたかいなのかもしれない。その上で「何を伝えるか」であるが、この点も例えばピート・ハミルの『新聞ジャーナリズム』の原著題名である「ニュースは動詞だ」

（News is a verb）のような技術論も踏まえなければならないと考えている。

ニュースとは何か、を突き詰めれば、「ジャーナリズムとは何か」が浮かび上がり、記者の職業観に深い教養に支えられた確かな倫理が備わっていくと考えているが、メディア従事者はその思索もままならないまま、いつもニュースに追われ、忙しい日々の積み重ねである。マスメディアこそニュース教育の重要性を再認識する必要がありそうだ。

5　私たちのあしあと

戦後のメディア――「あすなろ」物語のジャーナリズム

メディアとジャーナリズムの活動において私たちは何をしてきただろうか。言論や表現の自由を守りながら、何を目指してきたのだろうか。日本社会が歩んできた近代化の中で、いくつかのポイントが歴史上の筋道に記されている中にあって、やはり先の太平洋戦争は、大きな原点ともいえる。反省や脱力という負のエネルギーでしかなかった時期にあって、日本人は何を考えたのだろうか。

終戦間近の頃、井上靖の『あすなろ物語』中の最後の物語である「星の植民地」は、その当時の心境をこう書き表している。

明日は何ものかになろうというあすなろたちが、日本の都市という都市から全く姿を消してしまったのは、B29の爆撃が漸く熾烈を極め出した終戦の年の冬頃からである。日本人の誰もがもう明日という日を信じなくなっていた。

新聞社にも、もう翌檜《あすなろう》は1人もいなかった。誰もがただ暗い戦争が終わるのを待つだけの絶望的な毎日を送っていた。しかし、その戦争さえもいつ終わるか判らず、永遠にそれは終わることのない業のようなものに見えた。[70]

『あすなろ物語』は、毎日新聞出身の井上靖の作品として、当時の新聞社内の雰囲気もじんわりと伝わってくる。この負から正へと動き出すエネルギーは時代のエネルギーであり、本来人が持つ「生きる」という能動的なエネルギーでもあった。これが人の可能性と、人と人がかかわる際に生じる化学変化のエネルギーでもあろう。このエネルギーにメディアが機能的にかかわることを時代は望んできて、今までは一定の役割を果たしてきた。それがメディアへの信頼にもつながっている。

『あすなろ物語』に続く、東京オリンピックと60年安保闘争、高度成長期で、メディアは「伝える」という技術的なツールを進化させたが、経済の発展で取り残された領域へのアプローチや、経済的・社会的な格差への対応が十分だったとはいえない現実もある。

『あすなろ物語』の中で、総中流の中でマイノリティが埋没し、サラリーマンの成功物語の中に女性の役割が固定化され、それは結局、女性的なイメージを持つ「ケア」でさえも、社会進出を妨げられたのである。

現在、「ケア」をメディアと融合させようとするときに、出発点の認識として、「国策」として自覚的にせよ無自覚であるにせよ男性社会を作り上げてきたことが、この概念への障害であるという事実に気付く。それがテクノロジーと結びつき、いつの間にかケアが入り込む余地さえなくなった。

内田は『生きられる社会』の中で、マクルーハンの視点・見解からテクノロジーと社会を整理している。内田はマクルーハンいうところの「機械の花嫁」は、「現在」という神話のなかで展開され、産業社会人とフォークロアのかけ合わせであるとしている。マクルーハンのいう「機械」は、ヒトが作るモノには論理感覚が伴うが、それが屈折し自動車に象徴されるような形を帯びてきたと指摘し、結果として「融合と閉塞」へと変容し、生死の境界までも同化するに至っている、と巧みに表現した。[71]

ここから、私は「モノへの論理感覚の現在地はどこにあるのだろうか」との疑問に突き当たり、その原点をたどるときに「あすなろ」時代に引き寄せられるのである。

当時マクルーハンが想像することのできなかった、「現在」という神話を生きるわれわれの新しい論理感覚は、テクノロジーとの同化なのか、内田が指摘する「屈折」の延長線にあるのだろうか。内田が表現した「被膜を破った時、生命は別次元にかき消えていく」という表現は刹那的だが、その言い表したい感覚に寄り添いたい気分にさせられる。同時に、その被膜はすでに破られており、別次元にかき消えていっている気分にもなる。

阪神淡路大震災と災害報道――バブルから毎日新聞の「希望」へ

１９９５年1月17日に兵庫県淡路島を震源とする阪神淡路大震災は、バブル崩壊後の日本に新たな価値観を突きつけた出来事だった。最大震度は7、死者６４３４人、建物の全半壊24万９１８０棟、被害総額約10兆円を記録し、２０１１年3月11日の東日本大震災発生まで、戦後最大の被害であった。さらに報道の在り方をめぐっても、多くの教訓を得た震災である。その前に災害報道については、前史がある。

廣井によれば、１９８４年の長野県西部地震、１９８６年の伊豆大島噴火、１９９１年の雲仙普賢岳噴火では現場に取材者が殺到し、被災者に対し無遠慮な態度や時にはねつ造に近い演出も行われたという報告がある。１９７８年の宮城県沖地震は死者12人、重軽傷者約９３００人という被害を及ぼしたが、震度5の強い揺れが人口過密の都市である仙台市に大きな被害を及ぼしたことから、仙台の被害が大きい場所のみをクローズアップして報道したことにより、あたかも仙台のすべてが大きな被害を受けた印象を与える結果となった。

これは理論上、ラングによる「テレビ独自の現実再現とその効果・予備的研究」に通じる。「熱狂的な」様相を呈したマッカーサー・デーのテレビ映像で伝えられた「現実」と、実際の現場での聞き取り調査による「現実」の「二つの『現実』像」を比較した研究は、テレビメディアの特性をあぶり出しているだけではなく、良識あるジャーナリズムを追究する過程での重要な論点となっている。取材者が取材行為を通して現実を伝えるという行為に対して、「現実を伝達することの限界」も示している。

この研究の背景には米国のトルーマン大統領が「心理戦委員会」を立ち上げ、メディアを使ってのプロパガンダ放送の応酬による冷戦のはじまりがある。ラングは「テレビの影響はつぎつぎと人々にコミュニケートされて、（中略）事件の『真の』像を、支配してしまう[72]」とし、テレビの強烈な波及効果はプロパガンダ戦に威力を発揮することを示唆した。ここではマッカーサーパレードに参加する「冒険と興奮を求める」人たちの行動動機を「期待パターン」として、テレビ視聴者にも当てはめているが、これこそが現代の「市場の要請」であり、「空気を読む」行為と言い換えられそうである。

ラングは「テレビの現実再現性が、自動的に実現されるものではまったくない」「カメラの切りとりから除外された被写体の部分を、暗示と推測にゆだねる[73]」とし、写された部分と写されていない部分のギャップを埋めるのは解説者と説明している。すなわちテレビは、映像の撮影から発信、放映の間に人の手が加えられることによって、映し出されたものがだんだんと現実から離れていく構造なのである。ジャーナリズムの視点から現実を伝えることを目指す場合、取材の現場から発信までの過程で加工を少なくすることがひとつの改善方法であるが、廣井は「災害報道は相変わらず、被害の悲惨さをこれでもかこれでもかと（センセーショナルに）伝え、悲しみと心労でくたくたになっている被災者の避難所での映像を撮り続けているが、そんなことでは進歩はないし、被害を減らすこともできない[74]」と2003年の時点ではあるが、災害報道に進歩がないと指摘する。

一方で阪神大震災という都市型の震災で否応なくメディアが直面したのは、「伝える側も被災者」になったことである。日本の新聞メディアは朝日や毎日など、関西においては「関西で育った」という認識も根強く、大阪では大手紙がそれぞれ独自の紙面展開をし、読者との関係を築いている風土がある。神戸と大阪を結ぶ阪神地域においては、特に朝日、毎日、読売が購読者数（購読部数）でしのぎを削る地域であり、「新聞購読の際の景品が最も豪華」だといわれていた時期もあった。この地域には記者も居住しているし、各社の有力な販売店も多い。そして、彼らは被災したのである。直接被災した記者もいるし、肉親を失った記者もいた。新聞発行や取材活動ができない状態の被災者の記者もいた。この中にあって新聞づくりをするスタッフは否応なく「当事者」としての感覚を思い知らされることになる。

それまでの取材の伝統で、配慮のない取材は続き、現場の混乱の中でメディアの暴虐さはかき消されたものも多いが、それでも記者らは被災者の心に寄り添う報道を考えた。それはお金やモノに熱狂したバブルが崩壊した後の日本で起こった大災害の中で、忘れられていたものを取り戻す物語として、新聞メディアはそれを報じた。この過程で、生まれたのが毎日新聞の「希望新聞」である。これは毎日新聞と同じ題字スタイルを紙面の中面に掲げて、震災関連ニュースや希望に向けた情報を展開するもので、その題字は一時「一面題字と取り替えよう」[75]という話が出るほどであった。希望新聞の試みは大阪本社に留まり、東京本社は追随しなかった（その後の東日本大震災では、東京本社発行の新聞で希望新聞を掲げた）。

この姿勢は、報道機関が大きな災害の際に、いったんはセンセーショナルになるものの、長期的な視点で、その土地や未来に向けて「ケア」の視点で取材し、語っていくことの重要さを認識した表れではないだろうか。

東日本大震災——究極の取材と信頼に向けて

2011年3月11日の東日本大震災では、地震被害と津波、そして福島第一原子力発電所の爆発など複合的な原因による多様な被災者を生み出し、メディアの知見や機動力、その思想や企業姿勢などが問われ、メディアという組織の体質が丸裸にされた出来事だったともいえる。

山田の検証では、新聞や放送に代表される「伝統メディア」の動きを、「震災発生直後からおよそ3日間の初期報道において、十分な情報伝達の役割を果たしたといえる」[76]と評価している。その根拠を、NHKの1500人規模をはじめ、新聞各社もそれぞれ100～150人を超えるとされる記者、カメラクルー、技術者らを現地に送りこみ、被災状況を速報する取材態勢をとったこととし[77]、その瞬発力への賞賛を送っている。これは1995年の阪神大震災の取材経験や教訓を基本にして、記者によっては、東日本大震災前に発生した2004年のインドネシア・スマトラ島沖バンダアチェ津波や2007年の新潟県中越沖地震の取材経験が積み重なった事実も影響していると思われる。

メディアの仕事の中で特記すべきなのは、被災地により近いメディアの動向で、世界的に有名になったのは宮城県石巻市にある石巻日日新聞であった。約1世紀の伝統を持つ地域夕刊紙は、震災直後にインフラが壊滅的被害にあったことを受けて、手書きの壁新聞を発行し、避難所に掲示したのである。

メディア組織がインフラの何もかも失った時、残るは記者や職員の人間としての機能がたよりで、取材道具は五感がすべてであり、地域で得た情報をそのまま、模造紙1枚のページに書き上げていった。しかし、報じられるスペースには模造紙内という制限がある。結果的に同紙は、最も必要な情報を伝えるという「ジャーナリズムの原点」[78]に徹することになる。

それは、誰にどんなニュースを届けるか、という自問から始まり、自分たちの使命は、結局、災害の全体の状況把握に資するための有益な情報の伝達であると確認した。相対的に悲劇や美談など人間ドラマは必要ないという紙面方針となった。

被災の当事者であるがゆえに共感できる被災者への被災地での取材は、絶対的に価値の高いものとして、紙面の力にも結び付いてくるわけだが、求められるのは継続性だ。震災後すぐに心配される問題は、風化である。起こった事実を忘却の彼方へ押しやる営みが自然と力強く進行しているのである。どれだけ、被災者並びに被災地に寄り添い、共感し続けられるかが、報道の質を決定するのだろう。

山田は、新聞やテレビは「被災者に寄り添う報道」をコンセプトに、番組・紙面づくりを行っているが、その言葉を抽象的なスローガンにとどめてはいないだろうか、との疑問も投げかけている。寄り添いは「ケア」に続く、「ケア」と交わる考え方なのだが、手法は確立されていない。震災直後から被災地入りし、支援が行き届かない場所を訪れ、必要な物資の聞き取りや、現在の苦しみと将来の不安を傾聴してきた筆者としても、「寄り添い」がキーワードであった。この時、記者としてではなく、1人のボランティアに徹して1年間継続して活動した結果、被災者との会話がスムーズになったのである。

これは大きな発展だった。「丸腰」で何ら「書く」という飛び道具を持たない私だからこそ、相手は胸襟を開き、心を見せてくれたのである。つまり、カメラや発表ツールを所持する記者という立場でいる限り、共感が成り立つのが不自然なコミュニケーションとなり、結局はケアメディアの確立は難しくなるであろう。

日本の防災学の権威である河田は津波対策を訴える中で「体にハンディキャップをもっている人には、津波情報がすばやく、的確に伝わらないかもしれない。そうならない工夫を多くの人々と一緒に考えていくことがとくに大切だろう。このような取り組みは、わが国のみならず世界の津波多発国でもきっと役に立つと信じている。持続可能な津波減災社会とは、人々に対する優しさから生まれくるものといえる」[79]と結んだ。

災害への対応は科学かもしれないが、それは「優しさ」から生まれることを河田は強いメッセージとして訴えたのだと考えると、伝える側の心のありようも見つめ直す必要があるだろう。

ユーゴスラビア内戦及び南スーダンとメディア

日本国憲法第9条の存在は「平和憲法」という名の下に日本社会のアイデンティティを形成し、先の戦争を深く反省しようとするメディアにとって、日本が国際社会において戦争や紛争に直接的に加わることはしない、という原則を貫く根拠にもなってきた。しかしながら、2015年の安全保障関連法制定並びに閣議決定により、その原則は崩れつつある状況だ。

この現状は、先の戦争を日本国民という当事者として生きた人々が少なくなり、メディアや日本国民自体の戦争に対する当事者感がなくなったため、という指摘もある。衆議院議員、参議院議員ともに、戦中派は皆無に等しい。

ケアの視点で考えれば、戦争は最もケアから遠ざかった状態であり、間違った正義の論理を間違った形で遂行しようとする、反ケア行為である。「相手を打ち負かす行為」である戦争には、爆撃による無差別殺人などの残虐性がクローズアップされるが、難民の発生や不当な拘束など移動の自由が制限され、自分らしい生き方からかけ離れた状態に置かれる。見方を変えれば「相手国の国民の自由を奪うことによって勝利するゲーム」である戦争行為は存在してはならない。この考えに立つとき、メディアが自覚しなければならないのは、メディアも戦争に加担しうる巨大な力を持っている、そして、時にはその力がコントロールされる危険もあるということである。

2000年10月29日に放送されたドキュメンタリー番組NHKスペシャル「民族浄化～ユーゴ・情報戦の内幕～」は、ユーゴスラヴィア紛争中、特にボスニア・ヘルツェゴビナ戦争において勝敗を分けたPR戦略の内幕を綿密に取材したものだ。ディレクターの高木は「人々の血が流された戦いが『実』の戦いとすれば、ここで描かれる戦いは『虚』の戦いである。PRや情報戦が、『実』の戦いの帰趨をすべて決めるわけではない。しかし、『虚』の戦いが『実』の戦いの行方に大きな影響を与えることも事実だ」[80]としているが、ここからアフガニスタン戦争やイラク戦争などを経験すると、控えめな印象すらある。木下はPR会社が報道機関の思考法を知り尽くした上で操作し、結局「多くのジャーナリストがPRのプロたちの手のひらの上で踊ることになった」[81]と書く。最近のシリア内戦やIS（イスラム国）のテロ行為などは、インターネットメディアを通じて、敵対する勢力に加担する人の「処刑」の模様を発信するなど、ジャーナリストを動かさなくても発信できるツールにより、PR戦争はより身近になり、メディアは新しい形で戦争の一部となっている。

同時にユーゴスラヴィア内戦は、遠いユーラシア大陸の端での出来事で、日本での当事者感は薄い。坪井はユーゴスラビア内戦を「紛争とメディアが大きく関わった事例」[82]とし、第2次世界大戦後ヨーロッパで起きた最悪の「情報戦争」「メディア戦争」の典型であり、この中で日本の人々が受け取った報道は欧米主要メディアのニュースや記事の翻訳であることから、その情報戦の中に巻き込まれたと暗に指摘している。

日本政府は混迷を極める南スーダンに自衛隊を派遣するなど、海外派遣を国際社会の責務として推し進めている。同時に、2011年7月9日にスーダンから独立した世界で最も新しい国で、20年以上の内戦で機能してこなかった国づくりに貢献しようという取り組みの中に、「メディアをつくる」プロジェクトがある。日本政府も民主的な国家建設のプロセスにおいては、マスメディアの役割が重要との認識であり、紛争再発の予防のためのメディアの役割を期待している。そのため、日本政府は南スーダンTV・ラジオの公共放送局化に向けたプロセスの支援を行っている。まずは放送機材管理、番組制作、報道に関わる職員の人材育成を図っているが、この育まれたメディアが戦争の道具とされないために、メディアに関する平和教育を関係付けて行われなければならないだろう。

これら日本における災害報道と戦争報道を概観して見えてくるのは、修羅場の中にあってメディアは思わぬ役割を果たし、その影響は絶大であるという事実である。また災害や戦争時でこそ、人の命が軽んじられてしまう可能性もあり、メディアは、そんな人が犯すかもしれない愚の連鎖をクリティカルに見極め、人の尊厳をひと時も忘れない「ケア」なる精神が必要となってくるはずである。

大井は災害報道についてこうまとめる。

災害、危機、破局の媒介、メディア化は、クリティカルな問題であるだけでなく、またタイムリーな問題でもある。それらは多くの悲劇をもたらし、可動性をもって地理的境界を超え、そのインパクトは、多種多様な情動的、人道的及び政治的反応をもたらし、世界的な反響を巻き起こす。ますますグローバル化する時代にあって、すなわちローカルとグローバルが相互に浸透し、重複するニュースのフォーメーションや増殖するソーシャルメディアにおいて、災害、危機、破局が媒介される時代にあって、それらはほぼ瞬時に、リアルタイムに、ますます多くの世界中の人々に衝撃を与える。メディアやコミュニケーションによって果たされる異なる役割は、注意深い理論化が求められている。[83]

「注意深い理論化」に向けて、各方面からケアとジャーナリズムを検討する中にあって、当然ながらメディアが扱う情報は日々変わり、「ケア」の視点でその情報を見る際に、一つひとつが違う感情に操られることに気付かされる。理論化に向けて立ちつつ、これは「感情労働」ではないだろうか、という視点も浮かび上がってくる。

注記

1　富永健一『社会学講義』（中公新書、１９９５年、１３８頁）
2　竹内郁郎・児島和人・橋元良明編著『メディア・コミュニケーション論』（北樹出版、１９９８年、13頁）
3　マーシャル・マクルーハン著、栗原裕・河本仲聖訳『メディア論　人間の拡張の諸相』（みすず書房、２００１年、７頁）
4　上野俊哉・毛利嘉孝著『カルチュアル・スタディーズ入門』（ちくま新書、２０００年、７頁）
5　レイモンド・ウィリアムズ著、上野俊哉訳『メディア・スタディーズ』「生産手段としてのコミュニケーション」“Means of Communication as means of production”（みすず書房、２０００年、41－54頁）
6　前掲書、51頁
7　前掲書、同
8　前掲書、同
9　上野俊哉・毛利嘉孝著『カルチュアル・スタディーズ入門』（ちくま新書、２０００年、11頁）

10 浜田純一・田島泰彦・桂敬一編『新訂　新聞学』（日本評論社、２００９年、7頁）
11 ビル・コヴァッチ、トム・ローゼンスティール著、加藤岳文・斎藤邦泰訳『ジャーナリズムの原則』（日本経済評論社、２００２年、6頁）
12 前掲書、6-7頁
13 ビル・コヴァッチ、トム・ローゼンスティール著、奥村信幸訳『インテリジェンス・ジャーナリズム』（ミネルヴァ書房、２０１５年、i-ii）
14 前掲書、i-ii
15 前掲書、２４８頁
16 前掲書、２４９頁
17 前掲書、２５２頁
18 前掲書、２９６頁
19 前掲書、同
20 飯田泰三、山領健二編『長谷川如是閑論評集』（岩波文庫、１９８９年、２７７-２７８頁）
21 山本文雄編著『日本マス・コミュニケーション史』（東海大学出版会、１９７８年、２２０頁）
22 １９６５年10月6日付朝日新聞2面（政治面）
23 田島泰彦、山本博、原寿雄編『調査報道がジャーナリズムを変える』（花伝社、２０１１年、１３１頁）
24 中西正司、上野千鶴子著『当事者主権』（岩波新書、２００３年、2頁）
25 前掲書、2-3頁
26 前掲書、3頁
27 前掲書、同
28 佐々木俊尚『「当事者」の時代』（光文社新書、２０１２年、１６６-１６７頁）

29　前掲書、414-415頁
30　前掲書、428頁
31　前掲書、429頁
32　前掲書、449-450頁
33　前掲書、458頁
34　寺島英弥『シビック・ジャーナリズムの挑戦　コミュニティとつながる米国の地方紙』（日本評論社、2005年、1頁）
35　藤田博司『パブリック・ジャーナリズム――米報道改革の試みをめぐって』（コミュニケーション研究第27号、1997年、58頁）
36　前掲書、同
37　前掲書、75頁
38　寺島英弥『シビック・ジャーナリズムの挑戦　コミュニティとつながる米国の地方紙』（日本評論社、2005年、46頁）
39　前掲書、47頁
40　前掲書、同
41　前掲書、51頁
42　前掲書、20頁
43　小田光康『パブリック・ジャーナリスト宣言』（朝日新書、2007年、62-63頁）
44　前掲書、63頁
45　藤田博司「ジャーナリズムの信頼性確保のために」、藤田博司、我孫子和夫著『ジャーナリズムの規範と倫理』（新聞通信調査会、2014年、11頁）
46　佐藤卓巳「ジャーナリズムの冷笑主義」、佐藤『メディア社会――時代を読み解く視点』（岩波新書、

２００６年、１０８-１０９頁）
47 林利隆『戦後ジャーナリズムの思想と行動』（日本評論社、２００６年、21頁）
48 前掲書、25頁
49 駒村圭吾『法制度から見た「ジャーナリズムと権力」』（大石裕編『ジャーナリズムと権力』、世界思想社、２００６年、57頁）
50 浅野健一『メディア・ファシズムの時代』（明石書店、１９９６年、３０２頁）
51 林香里『〈オンナ・コドモ〉のジャーナリズム』岩波書店、２０１１年、28頁）
52 前掲書
53 前掲書
54 藤田博司『パブリック・ジャーナリズム―米報道改革の試みをめぐって―』コミュニケーション研究第27号、１９９７年、55頁）
55 林香里『〈オンナ・コドモ〉のジャーナリズム』（岩波書店、２０１１年、60 - 61頁）
56 大熊一夫『ルポ精神病棟』（朝日新聞社、１９８１年、２３７頁）
57 林香里『マスメディアの周縁、ジャーナリズムの核心』（新曜社、２００２年、３８１頁）
58 前掲書、３８３頁
59 前掲書、３８６頁
60 前掲書、３９０頁
61 前掲書、３９１頁
62 林香里『ジャーナリズムの正統「くらし」に宿る―現代社会の権力の監視、そして倫理のために』（新聞研究 No.684. ２００８年）
63 小玉美意子『メジャー・シェア・ケアのメディア・コミュニケーション論』（学文社、２０１２年、67頁）

64 前掲書、71頁
65 前掲書、72頁
66 小玉美意子「本調査から見えてきた日本のテレビ・ジャーナリズムの課題」、林香里・谷岡理香編著『テレビ報道職のワーク・ライフ・アンバランス』（大月書店、2013年、232頁）
67 清水英夫『マスコミの倫理学』（三省堂、1990年）
68 Daya Kishan Thussu “International Communication” Bloomsbury Academic, 2006, p1-p39
69 原寿雄『ジャーナリズムに生きて』（岩波現代文庫、2011年、240頁）
70 井上靖『あすなろ物語』（新潮文庫、1958年、196頁）
71 内田隆三『生きられる社会』（新書館、1999年、188-208頁）
72 カート・ラング、グラディス・エンジェル・ラング著、学習院大学社会学研究室訳「テレビ独自の現実再現とその効果・予備的研究」『マスコミュニケーション：マスメディアの総合的研究』（1968年、東京創元新社、318頁）
73 前掲書、333頁
74 廣井修『災害報道はどうあるべきか―災害放送担当記者のための集中講座を開催―』（東京大学出版会、論争いまジャーナリスト教育、2003年、211頁）
75 筆者は当時、毎日新聞大阪本社記者として希望新聞設立の過程に携わった経験がある。
76 山田健太『3・11とメディア　徹底検証　新聞・テレビ・WEBは何をどう伝えたか』（トランスビュー、2013年、66頁）
77 『新聞協会報』（日本新聞協会）、『民間放送』（日本民間放送連盟）を参照
78 山田健太『3・11とメディア　徹底検証　新聞・テレビ・WEBは何をどう伝えたか』（トランスビュー、2013年、70頁）
79 河田惠昭『津波災害――減災社会を築く』（岩波新書、2010年、186頁）

80 高木徹『ドキュメント戦争広告代理店　情報操作とボスニア紛争』（講談社、２００２年、４頁）
81 木下和寛『メディアは戦争にどうかかわってきたか』（朝日新聞社、２００５年、２７６頁）
82 坪井睦子『ボスニア紛争報道　メディアの表象と翻訳行為』（みすず書房、２０１３年、２頁）
83 大井眞二『大震災後のジャーナリズム・スタディーズ――媒介・メディア化されるリスク・危機・災害』（マス・コミュニケーション研究No82、２０１３年、60頁）

第4章

ケアメディアの条件

1　環境――ソーシャルメディアのメインストリーム化

メディアの主役

私たちの社会は、つながることによって形成されている。ルソーは、つながることはすなわち生存することだ、という見解を示した。つながった私たちには、そのつながりを平和なものにするために、それぞれに倫理が求められる。決して他人を侵してはならないなど社会の基本である普遍的思想の維持や確認に、メディアは媒介役としてかかわり、ケアは他者への責務として発生している。

従ってケアメディアは、その言葉として認識されずとも実態として社会の原初的な存在であり、これまでも存在していて、これからも存在し続けていくだろう。基本に立ち返るために、以下、ルソーの『社会契約論』を確認する。私たちは国と契約したわけではないが、多くは親が日本人であることから、日本人となった。行政への手続きは必要だが、それは契約ではない。私たちはすでに生まれてからすぐに「自然契約」し、社会的な責務が発生している。赤ちゃんは大人にケアされながら成長し、やがて誰かをケアする比重が大きくなり、それは終わりを告げて、ケアされる存在となっていく。

この取り組みの中で目指すのは「自由」であるとルソーは説く。

わたしは想定する――人々は、自然状態において生存することを妨げるもろもろの障害が、その抵抗勢力によって、各個人が自然状態にとどまろうとして用いうる力に打ちかつに至る点にまで到達した、と。そのときには、この原始状態はもはや存続しえなくなる。そして人類は、もしも生存の仕方を変えなければ、亡びるであろう。

ところで、人間は新しい力を生み出すことはできず、ただすでにある力を結びつけ、方向づけることができるだけであるから、生存するためにとりうる手段としては、集合することによって、抵抗に打ちかちうる力の総和を、自分たちが作り出し、それをただ一つの原動力で働かせ、一致した動きをさせること、それ以外にはもはや何もない。

この力の総和は、多人数の協力によってしか生まれえない。ところが各人の力と自由こそは、生存のための最も大切な手段であるからには、ひとは、自分を害することなしに、また自分にたいする配慮の義務を怠ることなしに、どうしてそれを拘束しうるであろうか？　わたしの主題に引きもどして考えれば、この困難は、次のような言葉であらわすことができる。

「各構成員の身体と財産を、共同の力のすべてをあげて守り保護するような、結合の一形式を見出すこと。そうしてそれによって各人が、すべての人々と結びつきながら、しかも自分自身にしか服従せず、以前と同じように自由であること」。これこそ根本的な問題であり、社会契約がそれに解決を与える。[1]

社会形成の基本を契約として、契約によって構成員を「ひとつ」にする考えは、それぞれが自由に向かうという人本来の欲求に対する自然現象である。人はつながり、集まることによって自由になるのである。

この契約の諸条項は、行為の性質によって、きわめてはっきり決められているので、すこしでも修正すれば、空虚で無効なものとなってしまうだろう。だから、この条項は、おそらく正式に公布されたことは一度もなかったのであろうが、いたるところにおいて同一であり、いたるところにおいて暗黙のうちに受けいれられ是認されていた――社会契約が破られ、そこで各人が自分の最初の権利にもどり、契約にもとづく自由をうしない、そのためにすてた自然の自由をとりもどすまでは。[2]

その「暗黙」に受け入れたわれわれ社会の契約こそが、ケアという関係性であると私は受け取っている。ここでメディアの主役は、ケアという社会の契約で結ばれたすべての人となる。誰もがメディアであると考えた場合、情報を発する者と受ける者という関係性は、ただ送信と受信という役割・立場に過ぎず、情報のやり取りをする関係が一瞬にして形成され、終わるだけである。実際にソーシャルメディアで展開され、若年層を中心に定着しているのは、誰もがメディアという概念と、ソーシャルメディアの在り方が合致しており、人々もそれを受け入れたからであろう。

誰もがメディアと言った途端、ソーシャルメディアはメインストリーム化する。それは市民も有名人も政治家も問わないので、広がりは大きい。その場合、既存のメディアはどうなっていくのだろう。ソーシャルメディアの補足的な役割になるのか、もしくはもう一つのメインストリームと化して、二つのメディアトラックが形成され、分離していくのか、はたまたいつの日か融合していくのか。結論は出ていないが、確実なのは、メディアを語るときには、もはやソーシャルメディアを想定しなければならず、ケアメディアの環境は、このようなソーシャルスタイルのメディアと親和性があるという現実を直視しなければならない。

2　倫理感──社会形成の本質として

メディアの道徳とは何か

メディア化した私たちに求められるのは、公共的な広場での協調的な姿勢を基本としようという倫理観である。先ほど触れたアレントの『人間の条件』のほか、ロールズの『正義論』など、倫理の確立に向けた各種の議論は、私たちの足跡でもあり、蓄積されている叡智である。

しかしながら、メディア従事者の仕事に対する倫理は確立されていない。
ケアメディアを考える上で、ケアの概念が女性に近い「情」のイメージならば、メディアは父性であり「理」である。それはメディア従事者の倫理や行動規範を決める大事なものである。ここでは、カントが唱えた厳しい倫理に対するサンデルによる解釈を紹介し、ケアメディアの考え方に近づけたい。

世の中には利他的な人間がいる。彼らは思いやり豊かで、喜んで他者を助ける。しかしカントに言わせれば、思いやりからなされた善行は「どんなに正しく、どんなに感じがよかろうと」道徳的な価値に欠ける。（中略）カントは、他者を助けるという行為の動機（善行をなすことで喜びを感じること）と、義務の動機を区別している。そして義務の動機だけが、行動に道徳的な価値を与えると述べている。利他的な人間の思いやりは義務の動機だけが、行動に道徳的な価値を与えると述べている。利他的な人間の思いやりは「称賛と奨励に値するが、尊敬には値しない」[3]。

これは一般的に受け入れがたい見解かもしれない。人間は利他的であるから、社会を形成できるのであり、今、自分の利益にならない行動でも、人のためになることを行うことによって、相互扶助が成り立ち、共存できるはずである。それなのに、それが「道徳的ではない」という。しかし、立ち止まって考えると、義務の動機に基づく行為の積み重ねを常識化していくとき、それは暮らしやすい社会となる。利他的による行為は「親切心」という余分な自己満足のフィルターがあるから積み上がりにくい。この成り立ちと二つの違いをカントは見通していたのだろう。

社会に対してのアプローチについて、この高次元での心持で行為をなしていくには、どうしたらよいのだろうか。マイケル・サンデルは、カントの例を挙げてこういっている。

> 利他的な人間が人間性への愛を打ち砕かれるような不運に遭遇したとする。彼は人間嫌いになり、同情も思いやりもなくす。ところが、この冷血漢が普段の無関心さを脇に置いて、他の人間を助けに向かう。助けたいという思いはまったくないが、「ひとえに義務のため」だ。このとき初めて、彼の行動は道徳的な価値を持つ。（中略）カントが重要だと言っているのは、善行が喜びをもたらすかどうかではなく、そうするのが正しいからという動機で善行をなすことだ。[4]

これはメディアも同じである。正しくあるべきメディアの説明である。あくまでメディアは正しい義務であろうとするところに説得力がある。概念化を目指す「ケアメディア」においても、「メディア」の意味合いに感情を差し入れないことで、融合させようとする「ケア」の価値が上がってくる。正しいメディアがあるから、ケアの信頼性も増してくるという構造である。

カントが厳しく善行がもたらす喜びに道徳の価値がないとしているのは、喜びが利他的と相反する存在、つまり利己的だから、という理由もあろう。これも重要なポイントであり、ケアを考える中で、利他的でも利己的でも、行為が喜びにつながる経験は行為者の中で蓄積され、それが行動の動機になっていくのは否めないだろう。ただそれは、行為そのものに責任はなくなっていくという現象を生み出していくことにもなる。

ソーシャルメディアの発展における「当事者」

ソーシャルメディアを語るとき、ソーシャルメディアに触れる、もしくは利用することによって、「感情が揺さぶられる何かを求めているのか」もしくは「機能として便利なものと捉えているのか」の二つに人の反応は分かれる傾向がある。パソコン、携帯電話、そしてスマートフォンの爆発的な普及に下支えされて、ソーシャルメディアはそのどちらにも対応が可能なため、急激に広がったことは間違いない。既存のメディアができないことを展開している点で、すでに伝統的なマスメディアは先進性の上で後れをとっている。

ここでいうソーシャルメディアとは、ツイッター、ユーストリーム、ユーチューブ、インスタグラム、ブログ、フェイスブックを想定している。ウィキペディア等インターネット上でのありようを参考にしながら定義的な言い方にすれば、誰もが参加できるスケーラブルな情報発信技術を用いて、社会的インタラクション（相互作用）を通じて広がっていくように設計されたメディアであり、リアルタイム性を備え、主要コンテンツが「ユーザー生成コンテンツ」（UGC）であること、といえよう。

「誰もが」「相互に」できることはよいことかもしれない。だからこそ、危険だと思う人も少なくない。東日本大震災では、広大な領域での津波被害や福島原発に関する情報が、テレビ・新聞など既存のメディアだけで報じきることは不可能であり、被災者自身や被災者から聞いたという情報として、フェイスブックやツイッターで震災の情報が飛び交った。そこには音信が途絶えた人の捜索願や支援物資の呼びかけなどの緊急の要請文もあれば、感想のようなつぶやきもあり、さらにデマも悪質なものから軽微なものまで玉石混交であった。

例えば、ビデオレンタル最大手「ＴＳＵＴＡＹＡ」の店長による「テレビは地震ばっかりでつまらない、そんなあなた、ご来店をお待ちしています！」[5]との震災当日のツイートは拡散され、問題視され、同社は謝罪しこの店は営業自粛に追い込まれた。

このようなツイートは個人や法人、著名人に限らず関係性がフラットであるから、気軽なメディアであり、つながりも意識できる点は最大の利点であるが、１４０字という字数制限は、「言い回し」と「気遣い」が一体化した日本語では、表現が直線的になってしまう印象がある。

このように、多くの人がメディアを操るようになった状態を、佐々木は「情報のノイズの海」[6]と表現し、「そのままではただ茫漠と広がっているだけで、いったいどこに自分にとって良い情報が溜まっているのかはさっぱりわからない。なんの羅針盤もないままその海にこぎ出しても、あまりの広大さに途方に暮れてしまう」[7]から、「だれかの視座にチェックインすることによって、私たちは情報のノイズの海から的確に情報を拾い上げることができる」[8]という。それは、「つながりの時代」という背景に放射され大きく重なっていく、という。情報の氾濫だからこそ、確かなつながりを求めていく流れは、ソーシャルメディアという得体のしれない怪物とうまく付き合っていく可能性でもある。

ここで論じるのは、次世代の概念として「ケアメディア」が広く社会に浸透するためには、時代の要請に応じてソーシャルメディアを手段とすると思われ、どのような融合をしていくのかを考えなければならない。

後述するポイントに「当事者」を強調しているのは、既存のマスメディアがあまりにも情報受け手から乖離し、当事者の心情から離れ、結局は事実や真実からも離れてしまったという印象が、今日のメディア不信を決定的にしている原因の一つだと考えるからである。

記者やジャーナリストとして「取材する側」という絶対的な立場にいる限り、受け手との距離は縮まることはなく、取材する側はひたすらに誤謬や瑕疵のないように仕事をするだけの存在になってしまう。いわば記者であること自体が、すべてのものとの距離感を生んでいるといってよい。同時に「ジャーナリスト」という言葉が示すイメージと、職として報道に携わる人の使命感や自意識にずれがあるのも事実である。全国のテレビ局13局の報道職30人の聞き取り調査を受けて林は「日本の報道現場では、『ジャーナリスト』や『ジャーナリズム』は、自分たちの日々の仕事からは遠い、あたかも別の職業を指す言葉と考えられている」[9]と指摘した。つまりジャーナリストはいない、ということになる。

唯一、この構造から解放される瞬間があるとすれば、阪神淡路大震災でも触れたが、記者自身が当事者になるときである。東日本大震災における宮城県石巻市の石巻日日新聞や仙台市の河北新報の報道が評価されたのは、自らが当事者（被災者）であることを自覚しながら、地域と共鳴・共感し紙面づくりを展開したところにある。記者が取材の「現場」に行くのは、取材対象の当事者に近づくためである。臨場感を伝えるのは二の次であり、当事者の感覚に基づいてそこで何が起こったかを記述すること、その努力こそが記者としてのプロフェッショナルな仕事であり、ジャーナリストとして胸をはれる瞬間ではないだろうか。ここにソーシャルメディアとの融合を見つけ、ケアメディアへと結び付けることができると考えている。

ソーシャルメディアの浸透によりすべてが「つながる」「つながれる」時代において当事者とはすべての人、と認識することが必須である。そのすべての中に記者も市民も含まれるという積極的で自覚的な意思、そして「つなぐ」という強い意識がケアメディアの土台の一つとなるはずだ。

3　ポイント――当事者意識

当事者から離れたこと――24時間テレビへの拒否感

ケアメディアを成立させる重要なポイントとして、当事者意識を検証するために障害者を扱うメディアを考えてみたい。２０１６年の日本テレビの「24時間テレビ　愛は地球を救う」では、初めて対抗する裏番組が放送された。その裏番組がＮＨＫ教育テレビの障害者によるバラエティー番組「バリバラ～障害者情報バラエティー～」だったために、なおさらに関心が集まったのだろう。

この日の「バリバラ」では、オーストラリアのジャーナリスト、ステラ・ヤング氏[10]が２０１４年、シドニーで行われたスピーチ番組「ＴＥＤ」での講演を改めて紹介した。車いすで舞台に上がった彼女は「私はあなたの感動の対象ではありません。どうぞよろしく[11]」と宣言し、「感動ポルノ」という言葉で、自分を感動の対象とするメディアだけではなく、衆目への認識の改善を暗に求めた。このスピーチがきっかけで「感動ポルノ」が広まり、その典型であり批判の対象となったのが24時間テレビだった。

「バリバラ」は２０１２年4月に放送開始した、障害者をテーマにしたバラエティー及び情報番組で、ＮＨＫ大阪放送局が制作している。出演者もほとんどが障害者であり、その障害も身体・知的・精神にわたり、設定テーマも障害を分け隔てなく取り扱っている。

一方の24時間テレビは１９７８年放送開始で、毎年8月後半に放送されるチャリティーを呼びかける番組である。24時間の放送中には、障害者を扱ったドキュメンタリー番組も放送されている。このほかにもタレントが長距離マラソンに挑戦する模様を生中継し、フィナーレにマラソンのゴールを設定するなど、「感動」の演出が伝統的なスタイルとなっている。

視聴者からの見方は、「バリバラ」が「本当の当事者」で、24時間テレビが「演出された当事者」となり、後者は押し付けの感動、という印象にもつながっている。「バリバラ」では２０１

6年の24時間テレビ放映と同じ時間の放送で出演者が、24時間テレビのシンボルでもある黄色いTシャツを着用し、シャツには「笑いは地球を救う」と書いたパロディを演出しており、挑戦的な内容となった。

メディアが当事者を語る場合、直接語ってもらうのか、プロフェッショナルが媒介するかの二通りに分かれ、直接の場合であっても、メディアは「伝わりやすさ」を目指して、支援することがある。媒介する場合は、演出や取材など手法は様々だが、メディアはこれも「伝わりやすさ」を目指して工夫しなければならない。どちらにせよ、何らかの介入は必要である。

問題は、それらの介入が「誰のためか」という問いかけに対する深い自問とともに、その結果としての行動が適正に行われているかという点であろう。この点から考えれば、24時間テレビは大きな資本を背景にし、大掛かりな演出の中、「誰のためか」のメッセージがぼやけてしまった印象がある。40年近く続く放送で制作者側もマンネリ化したわけではないだろうが、障害者という当事者を語る難しいメディア発信における緊張感が欠けてきたのだと思う。

やはり、それは身体障害者や知的障害者など「見やすい障害」を扱ってきた事実が物語っていて、視聴者も「かわいそう」目線での、その物語に付き合わされたくない心境へと傾いた。

同時に、当事者自身の発信が「バリバラ」だけではなく、ソーシャルメディアを通じても行われ、触れやすくなったことも影響している。障害者の気持ちがテレビや新聞に媒介されることなく語られるコミュニティスペースは、ソーシャルメディアの中で溢れている。

ここでも当事者と発信者の垣根はなくなりつつあることを考えれば、当事者との垣根をつくっているのは既存メディアそのものなのかもしれない。ここから導き出せるのは、当事者と普通に「いる＝存在」することが、ケアメディアとして考えられる発信者の姿勢となる。

ただし障害者や患者を当事者として、その当事者のことを伝えようとするとき、存在に関する垣根を取り払ったとしても、絶対的に当事者が社会的弱者であるケースは多い。その際に私たちは、当事者を理解するために、「感情労働」をしなければならないことになる。この感情労働を概念化したA・ホックシールド[12]に導かれ、田中は感情労働の特徴として「対面あるいは声による人との直接的な接触があること、相手の中に何らかの感情の変化を起こすこと、そして雇用主が管理体制などを通して労働者の感情管理をある程度支配することの三点をあげている。つまり、感情労働には、その労働を遂行する『労働者の感情』と、このような感情が向かう『相手の感情』の両方が含まれる[13]」という。

感情労働を冷静に遂行しながら見えてくるものが、ケアメディアとして発信するべきものであり、その時には瞬間的にでも、資本の論理が廃されているかもしれない。

取材者視点で当事者を見る

取材者側に焦点を当てて考えれば、東日本大震災の取材者を対象にした調査が参考になる。ＮＨＫ放送文化研究所の放送用語・表現班は、東日本大震災で取材者がどのような言葉を使っていたかを記録しておこうと、ＮＨＫ記者ら職員にアンケートを実施した。アンケート実施したのは２０１１年６月６日から１か月間で、対象は被災地で取材した被災地域以外からの記者、アナウンサー、ディレクター、カメラマンらの２１７人。以下が質問と回答である。

質問　被災者への取材の際に、最も気をつかったこと、心がけたことは何ですか（「しぐさ」なども含めて）

１　相手の話を遮らずじっくり最後まで聞く　67

２（座るなどして）目線の高さを同じくする、上から話さない、目や表情を見る　47

３　無理強いをしない、ＰＴＳＤに注意　26

４　うなずく、相づちを打つ　25

５（迷惑にならないよう）取材に時間をかけない、取材の時間帯に気をつける　21

注意：複数回答有のため総和は人数とは合わない

具体的記述では、「相手の話をじっくり聞くことに徹し、途中でことばに詰まっても、相手が何かを話そうとしている場合には相手のことばを待って、話し終わってから質問するように心がけた」（記者、女、２００９年入社）、「話を聞くこと。ふだんの取材以上に、相手の話に耳を傾けるようにした。こちらの質問とは異なる答えが返ってきても話を聞き続けた」（アナウンサー、男、２００３年入社）

質問　うまくコミュニケーションが取れたと感じられた際の「やりとり」や「ことばづかい」はありますか

1　しっかり聞く　26
2　共感する、同調する、泣く　16
3　言いたいことを語ってもらう　16
4　「NHKを使って訴えて」「放送が役に立てば」「被災地のためになれば」などと話す　13
5　自分の感情を出す、自分のことを話す、情報を伝える　12

具体的記述では「被災者がおかれた状況を気持ちの上で共有できたときは、うまくコミュニケーションが取れた気がします。具体的には『頑張ってください』などの励ましのことばよりも、『それはおつらいですね』などの共感のことばでしょうか」（記者、男、2010年入社）、「相手の言っていることを復唱しつつ共感するようなことば（『そうですよね』『そんなにひどかったんですか』など）を言っていると（中略）、実際にいろいろと話してくれたと思います」（映像制作、女、2009年入社）[14]

同研究所では「コミュニケーションがうまくとれたのは『共感』のことばであったと記されている。取材者はじっくり話を聞いて『共感』し、それを相手に伝えることが重要だった」[15]とまとめている。

ここで「コミュニケーション」という言い方で取材対象と向き合っていることは、従来の取材スタイルから大きく変化したことをうかがわせる。取材者は被災者に寄り添おうとして、共感することを意識しながら、対面した様子がうかがえる。相手の話を聞く、という行為は、言葉を聞く、ではなく、苦しみや悲しみなどの感情を聴く、ということを、記者たちは現場で知り、共感しながら取材を行った結果としての返答であろう。東日本大震災で未曽有の被害にあった被災地で、記者たちに対し最も求められている取材行為とは、苦難にある当事者に近づくために、その瞬間でも、最も当事者のことを想い、考え、寄り添おうとする姿勢であることを教えてくれたといえる。

そして、このスタイルこそがケアを伴うメディアであり、ケアメディアというメディア行為や媒体、考え方、そして行動様式が凝縮された姿勢である、と考えられないだろうか。

「世界の終わり」という当事者と反応する人々

既存のマスメディアが立脚するのは社会の常識である。その常識に外れていればニュースになるし、気の利いた表現を用いて読者を満足させられるかもしれない。この常識はいつしか社会を構成する要素となり、自覚もないまま枠組みを形成し、閉塞された社会をつくり上げてしまう。これは、学校を行くべき場所として登校を常識としたとき、そこに行けなくなった人を「不登校」として、問題視する姿勢をつくり出すことであり、収入や学歴のような比較可能な座標軸で人を評価する風潮など、敏感な子どもたちは、大人がつくり出しているそのような常識に窮屈さを感じるはずだ。同時にそれらの常識は案外、権力者がその他大勢を管理するためのものであり、絶対視する必要のないものもある。大人の都合で形成された評価軸は、メディアの言説が積み重なった結果の部分もある。

この評価軸を気にせず生きていくのは、反抗や抵抗と見なされるから、多大なエネルギーを要する。思春期に反抗するのは、そのような社会という衆目への反発という「自然科学的」かつ「社会科学的」なエネルギーであり、いつの日かそのエネルギーは収まり、社会に同調して生きていくことになる。それはマスメディア側にとって社会の常識の維持が意味されたことになり、安定した社会の安心材料であろうが、変化を望む若年層からは保守的にうつり、失望もある。それが「新聞は面白くない」と言われる要因の一つでもある。

そのような若者からの視座を与えてくれるのが、マスメディアの感覚から「離れている」ことを厭わない音楽グループ「SEKAI NO OWARI」である。「セカオワ」として、若者の間で絶大な人気を誇る男性3人（Fukase, Nakajin, DJ LOVE）と女性1人（Saori）の幼馴染の間柄による構成で、彼らは精神疾患、不登校、いじめを経験し、「つながる」ことを求め、共同生活をして自らのライブハウスで楽曲を披露、メジャーデビューを果たし、現在は日本で代表的なバンドの一つとなった。

公式ホームページ[16]では、彼らを2010年、突如音楽シーンに現れた4人組バンド「SEKAI NO OWARI」と紹介。2014年に全国9箇所15公演20万人動員の全国アリーナツアーを完遂、同年8月には、初の映画作品「TOKYO FANTASY」を公開したと説明した。10月には、富士急ハイランドで、「TOKYO FANTASY」と名付けた6万人規模の野外ワンマンライブを開催。「圧倒的なポップセンスとキャッチーな存在感、テーマパークのような世界観溢れるライブ演出で、子供から大人まで幅広いリスナーにアプローチし、『セカオワ現象』とも呼ばれる加速度的なスピード感で認知を拡大した」と説明している。

もはやメディアの常識ではなく、自分たちがつくる物語がある、という雰囲気の中で、パフォーマンスが展開されていく。社会が示す座標軸や評価軸も別世界のものとして、彼らは彼らであり続けるさまにファンは新たな世界を見ているのだと、私自身も富士急ハイランドでのライブで実感した。楽曲も、精神疾患だった過去の経験を表現したものや人間世界の争いを皮肉ったものなど、テーマは社会性を伴っているが、直接的な訴えではなく、諦観に似た視点から、そっと包み込む優しさが感じられる。それは、彼らが「ケア」されない状態を知っているからこその、本物の「ケア」を思わせるパフォーマンスとなって訴えかけている。同時に、ケアを必要とする若者の群れが彼らの楽曲に共鳴し、彼らが作り出すファンタジー＝別の世界に向かうのであろう。

彼らの存在が特異なのは、これまでのアーティストのような「あるべき姿がない」こと、そして伝えているメッセージがこれまでの常識と一線を画しつつ、批判ではなく、つながろうという「ケア」の思想が根強いことだ。

Fukaseは、インタビューで「僕らは4人でいるのが楽しくて楽しくてバンドをやっている、というところが基盤にあって、そこで楽しく音楽が生まれてきているだけなので、そういった意味では、僕は、〝生粋の音楽家〟という感じとは違うと思います。意識としては、音楽を使ってみんなで遊んでいる、に近いですね[17]」と答えているように、それまでのアーティストが作品をつくる際に発する強烈なパフォーマーとしてのエネルギーとは違い、「楽しく」音楽をするのが基本であるという新しい価値観を示してくれる。楽曲にしても人気の高いライブ活動にしても、メンバーそれぞれが才能を持ちながら、自己主張することなく、それぞれの長所を生かし、ひとつの作品へと仕上がっていく様子はファンにとっても心地よいのだろう。メンバーそれぞれが、音楽に対するスタンスで分裂することはないと断言しているのは、「〝主役は曲〟っていう考え方がメンバーの共通認識としてあるから」[18]（DJ LOVE）だという。さらにアーティストとしての目標については、「目標がないんですよ。山登り専門で、山頂を目指しているわけじゃなく、ただ登るのが好き」[19]（Fukase）と屈託なく答える。

これらのスタンスはメンバーそれぞれ同じだが、Fukaseの以下の言葉が根底にあるとすると、彼らの思想は既成のものに融合できない生理的な感覚が出発点であると考えてよいだろう。

友だちのことは大切にするけれども、わけのわかんない理由で絡んでくる先輩みたいな人たちとは、やっぱり仲良くできなかったし。そういう〝しきたり〟みたいなものは、たぶん自分の中ではあまり意味をなさないな、と思っていたので。だから、後輩が先輩に対してやらなきゃいけないこと、みたいなものは、あんまりできなかった。そういう、理不尽なことを、僕は理解できなかった。

この感性に共鳴する人も少なくないはずだ。この文脈をマスメディアにあてはめると、〝しきたり〟を生み出しているマスメディア、理不尽なことを生産しているのもマスメディア、だとも読み取れる。これを原点にすると、彼らの音楽や活動には、マスメディア的な要素はない。マスメディアが関係する「世の中のステージ」とは「別のステージ」にいるから、そこに争いはない。だから、マスメディアの言葉は響かない、という世界が彼らの世界なのである。

ここまでの説明だけでは、彼らの音楽を、社会への反抗的ロックや厭世観漂うパンクロックかと想像してしまうのだが、彼らの気持ちは健全で、歌うのは「希望」や「つながり」など、一人ひとりとつながれる可能性を信じている意志がある。

東日本大震災の復興に向けた「Never Ending World」[20]では「『何か』が終わってしまったけれど　それは同時に『何か』が始まって　『終わり』はいつでも悲しいけれど　だからこそ『僕ら』は手を繋ごう」と歌い、精神疾患を歌った「銀河街の悪夢」[21]では「明日を夢見るから今日は変わらないいんだ　僕らが動かせるのは今日だけなのさ　今日こそは必ず何か始めてみよう応援はあまりないけど頑張ってみるよ」と、当事者としてしか分からない感覚を強烈な現実の描写とともに、わずかに差し込む希望の光を表現した。これらをはじめとする楽曲は、彼らの存在そのものも含め、「ケア」の要素を色濃く帯びて、ファンの心をつかんでいる。

セカオワのメンバーは１９８０年代に生まれた文化的新世代としてのミレニアルズである、と位置づけた中村は、セカオワの人気について「彼らには（ロック世代の始まりである）60年代の若者の政治的熱狂とも違う、精神世界系の神秘主義とも違う、あるいはイスラム・アイデンティティやナショナリズムのような文化防衛論的な意識とも違うものがあるからだ。彼らの奇妙に論理的でドライなキャラクターは、まさにＡＤＨＤや自閉症といったものが重要な文化的コードになりつつある時代に呼応した、独特な自律性をもっている。セカオワハウスでシェアして暮らす、というのも、きっとそうした時代性の現れなのであろう」[22]と概観する。

社会の動向に敏感に反応するはずのマスメディアが感覚的に拒否してしまっている状態を、セカオワの存在が知らせてくれているような気がしてならない。特に精神疾患というキーワードは世の中から疎外された印象があり、それらの土壌をマスメディアがつくっているという疑いの目も含まれている。これでは当事者に近づくことはできない。マスメディアはこの悲しい現実を捉えているだろうか。セカオワを考えるとき、ケアメディアという概念を打ち立てて、アプローチを変える必要があるのではないかと強く思ってしまう。そのアプローチとは、セカオワの世界にまずは共鳴すること、共感することから始まる。

4　権力監視

及び腰のメディア

ここでは伝統的なマスメディアの役割である権力監視について、ケアメディアの考え方から考察したい。これまで描いてきた当事者は障害者を中心とした社会的弱者に類する人たちであった。そして既存メディアで判断しがちな対極的な位置づけは市民であった。一方は権力側とされ、公権力を背景にしたグループや、経済分野ならば資本家や資本を背景にした経営陣となる。これまで伝統的にメディアは権力側とともに歩んできた戦後の歴史がある。

それは前述した大阪朝日の「白虹事件」以降、反権力の旗色を鮮明にしている新聞社は皆無であることを前提として、国会や中央官庁、地方行政と「うまく付き合いながら」政策を報じ、その権力の功罪をバランスよく報じてきたが、これがメディアの体質となって、市民感覚という当事者感が欠如していく結果となった。

大新聞や小新聞が生まれた背景には、読者の様々なニーズにこたえるためだが、政治論議を展開する大新聞に市民は興味を抱かなかった。その代わりに出現した小新聞が売れた現象は、今の環境からすれば、ソーシャルメディアで情報を得て、ときには発信する人の群れにも通じる。

既存のメディアは客観性の論理の中で、権力との対峙を唱えているが、純粋に権力との対峙が行われているかは白々しく思えてしまう。ケアの視点を伴えば、権力側が社会においてやらなければいけないことは浮かび上がってくるのだが、その浮かび上がった責務をメディアは語ろうとしない。

本多勝一は、『事実とは何か』について、「いわゆる事実というものは存在しないということです。真の事実とは主観のことなのだ。主観的事実こそ本当の事実である。客観的事実などというものは、仮にあったとしても、無意味な存在でありますす[23]」とし、記者は「即ち、私たちはこの中から選択をどうしてもしなければならない[24]」仕事だということである。新聞記者とは

「主観的事実で勝負するものでなければなりますまい。いわゆる客観的事実の記事はＰＲ記事にすぎず、それはドレイ記者の記事であります。体制の確認に過ぎません。新聞記者は、支配される側に立つ主観的事実をえぐり出すこと、極論すれば、ほとんどそれのみが使命だといえるかもしれません」[25]との見解だ。

この指摘は約45年も前に書かれているが、今も有効である。客観的という言葉によって、主観的を排除してしまう傾向は、当局発表という主観を客観だと錯覚している慢性的な構造にも現れている。既存のメディアへの不信やソーシャルメディアの発達は、そうした既存のメディアの主観を客観と標榜し、報じるスタイルが権威を振りかざす行為の何者でもないことに気づいたからであろう。この関係性は上意下達の情報伝達に終始し、インタラクティブ（双方向性）な行動には結びつかない。

むしろ「〝社会的権力＝暴力〟としてのジャーナリズム」という認識の広がりは、ジャーナリズム内においては、ＮＨＫと民法各社が１９９７年に放送番組に「放送番組向上協議会」（ＢＲＣ）[26]を結成し、後に「放送と人権等権利に関する委員会機構」（ＢＲＯ）[27]と統合して、視聴者の意見や苦情などの窓口を一本化し、新聞メディアも社内に外部識者を招いての検証作業を行うなどの自主規制を行ってきた。これは読者を意識した企業努力のひとつでもあるが、一方でメディア規正の流れや放送法に関する総務省の動きなど、国家による管理という社会的権力＝メディアに対する規制の流れは今後も続いていくであろう。

ケアの目線で考えれば、これら大手紙の報道は、誰のためかという「当事者」を見失った印象もある。例えば、2015年夏の安全保障関連法案成立の報道に関して、同法案成立による受益者は誰で、想定される未来の可能性についての話題提供が極端に少なかったのは、想像力の欠如か、怠慢か、政府への忖度ととられても仕方がない。

新聞各紙のうち、東京新聞が積極的に国会での論戦や識者のコメント、デモの動きなどを連日報じたのに対して、大手各紙が十分な報道をしてこなかった事実[28]を考えると、やはり政府の意向を忖度する気質は根強く、この状況にあって、大手メディアが、権力を監視できるかどうかは懐疑的である。当事者を想像できないメディアの言説はあまりにも弱く、読者には響かない。そこに「ケア」は存在しない。

記者クラブと既得権

新聞やテレビニュースの多くは、今も記者クラブにおける記者会見や発表資料をもとにして書かれたものが多くを占める。特に大手紙は、中央官庁の記者クラブがあってこそ組織的で体系的な取材を可能としており、「大手メディア」の存在意義を示している。このような記者クラブに依存した取材体制は多くの批判を投げかけられているが、山口は記者クラブの存在そのものが問題とし、それは「表現の自由の実践、知る権利の実践、権力機関である国家政府の監視といったジャーナリズムの機能を阻害する原因とみなされてきたからである[29]」とする。

批判の内容は多岐にわたっているが、中央官庁や地方行政機関など、いわゆる当局の記者クラブは特定の新聞社・放送局しか加盟できず便宜を享受できないことや、当局の発表を検証せずに「垂れ流し」の報道に終始してしまう「発表ジャーナリズム」に陥ること、このような発表を起点に取材が行われるため、各社の記事が画一的になってしまい、メディア報道の多様性を損なう、などである。

ケアという言葉で結ばれるかかわり合いは、多様である。「市民」という立場も自由であり、それぞれの職業や立場・役割を全うしながら、または立場に収まることができず苦悩の中にある人もいるかもしれないが、言論や移動や行動に制限はない。一方の記者クラブとかかわりのある中央官庁の官僚らは、国家公務員として厳しい守秘義務や職業規範、国民の税金を使っているという衆人環視の中で、行動が制限されている。それは、人間として極めて不自然な状態に置かれているともいえなくないが、そのような不自由な人を相手に取材し、情報交換する記者クラブのメディアは、様々な社会の事象を矮小化しているようだ。一般の人に関わる巷間の話題はニュースになる可能性があるのに、社会の仕組みばかりに気を囚われてしまうと、やはり紙面も硬直化し、面白くなくなってしまうのである。

教育哲学者ジョン・デューイはデモクラシー再生のためには人々が報道を通して問題を語り合うことが重要であり、報道媒体だけでは足りないと語っているが、これは記者クラブだけの報道では不足していると言っているように受け取れる。そして社会の在り方として、議論の提案をすべきとの見解が以下である。

社会とは、共通の線に沿い、共通の精神において、また共通の目的に関連してはたらきつつあるが故に結合されている、一定数の人々ということである。この共通の必要および目的が、思想の交換の増大ならびに共感の統一の増進を要求するのである。こんにちの学校が自然な社会単位として自らを組織することができない根本的理由は、まさしくこの共通の、生産的な活動という要素が欠けているからである。[30]

この考えに納得し、学校やコミュニティの重要性を認識するとき、記者クラブから発せられる情報では明らかに発展的で豊かな社会を形成できるような情報提供はできない。つまり、憲法で行動が制限された官僚の管理された思想における当局の発表は創造性に欠け、人や社会の可能性に対し、自然と制限をかけてしまっているからである。記者クラブの弊害を前述のような理由で批判するのも正しいが、ケアの論理から見れば、市民の自由を発揮する場が損なわれていることが最も目立つ難点である。

日本のマスメディア企業の意識問題

マスメディア各社は、経済社会においては一つの企業に過ぎない。経済活動にマスメディアとしての立場が絡むと、ジャーナリズムに制限がかけられてしまうのも事実である。各企業にとってスポンサー広告が重要な収益源であるから、スポンサー企業の不祥事の報道に全く影響がないとはいえないだろう。福島原発事故後、マスメディア各社にとって大きなスポンサーであった東京電力に対し、厳しい追及をし続けていたかは、紙面を見れば及び腰であったことが明白である。

広告収入が企業の業績を左右し、時には存亡の岐路にもなるわけだから、メディア企業は広告が真っ先に影響を受ける景気にも気を配らなければいけない。ジャーナリズムによる経済活動を停滞させることは、自分たちの企業にも影響してくる。

従って、高貴なジャーナリズムの理想を掲げても、その実現に向けては企業としての限界があるのが現実である。この現実という傘の中にあって、大手メディアの記者は企業の社員という立場を自覚しながら、ジャーナリストとしての限界を知りながら取材活動をしている。時にはその限界ゆえに「企業の権威」を使って取材活動を円滑にしようと試みる場面もある。それが、社会的権力による権威の濫用として、市民に嫌われることにつながってしまうのだ。

これら組織のジャーナリズムは、組織ゆえにケアとは程遠いところにいる。組織であれ、個人であれ、ジャーナリズムの原点を考えてみよう。そもそもジャーナリズムの営みは、自由やデモクラシーを広く市民に浸透させ、推し進める実践である。その目的のために、社会を変革していくこともあった。しかし、企業化したメディアは「公平」「公正」「中立」「客観」「不偏不党」を掲げつつ、結局それらの言葉に呪縛され、情報を「リポート」せずに「ポート」するだけの存在になってしまったのである。

だからといって、企業がケアと親和性がないかといえば、そうでもない。社会の中で企業をどう位置付けるかで、その組織はケアの実践の場となる。そこで求められるのは、企業が社会とのかかわり合いの質を高めることである。質の高いコミュニケーション交流を日常的に行うことによって、組織内にとどまらず企業外との交流も活性化する。ケアを意識したかかわり合いによってメディア企業も、これまでの「メディア企業の形」から解放されるのである。

最後に、メディアの企業化と記者クラブの存在という古くからの問題から抜け出すために、という思いを込めながら、新しい概念である「ケアメディアの条件」を以下に整理する。前提として、ケアメディアは媒体、行動、思想、在り方すべてを内包した言葉として受け止めてもらいたい。将来的には、ケアメディアは、行動することによって受け手がどう捉えるかに左右される。

本書の最後に、これまでの理論を取り込んだ形で、ケアメディアの概念を9項目にまとめる。これらの項目を心がけて行われる報道は、きっと未来をあたたかく照らす社会の道標になるのではないかと期待している。

それはマスメディア企業の社員としてのジャーナリストにとってもフリージャーナリストにとっても、その立場を超えた道標として位置付けられる、と考えている。

注記

1　ルソー著、桑原武夫・前川貞次郎訳『社会契約論』（１９５４年、岩波文庫、29‐30頁）
2　前掲書、30頁
3　マイケル・サンデル著、鬼澤忍訳『これからの「正義」の話をしよう』（早川書房、２０１０年、１

５０頁）

4　前掲書、１５０‐１５１頁

5　立入勝義『検証東日本大震災　そのときソーシャルメディアは何を伝えたか？』（ディスカヴァー携書、２０１１年、75頁）

6　佐々木俊尚『キュレーションの時代――「つながり」の情報革命が始まる』（ちくま新書、２０１１年、２０２頁）

7　前掲書、同

8　前掲書、同

9　林香里「企業内での職能と出世」、林香里・谷岡理香編著『テレビ報道職のワーク・ライフ・アンバランス』（大月書店、２０１３年、83頁）

10　先天性の骨形成不全症で人権活動家でもあった。２０１４年12月6日死去。

11　TEDChannel https://www.youtube.com/watch?v=8K9Gg164Bsw（２０１６年12月30アクセス）

12　アーリー・ラッセル・ホックシールド（１９４１年―）カリフォルニア大学バークレー校社会学部教授。専門は社会学。

13　田中かず子「感情労働としてのケアワーク」『ケアすること』（岩波書店、２００８年、98‐１１３頁）

14　井上裕之『「被災者」ではなく「被災した人」〜東日本大震災のＮＨＫ取材者アンケートから〜』（放送研究と調査、２０１３年、80‐83頁）

15　前掲書、83頁

16　https://sekainoowari.jp/mob/arti/artiProf.php?site=S&ima=2413&cd=SEKAINOOWARI（２０１６年12月29日アクセス）

17　「LONG MESSAGE From Fukase」『別冊カドカワ　総力特集 SEKAI NO OWARI』（ＫＡＤＯＫＡ

WA、２０１５年、１９１頁）

18　「LONG MESSAGE From SEKAI NO OWARI」『別冊カドカワ　総力特集 SEKAI NO OWARI』（KADOKAWA、２０１５年、45頁）

19　「LONG MESSAGE From Fukase」『別冊カドカワ　総力特集 SEKAI NO OWARI』（KADOKAWA、２０１５年、１８２頁）

20　作詞 Fukase, 作曲 Saori, 収録シングル「INORI」（２０１１年8月）

21　作詞 Fukase, 作曲 Saori, 収録シングル「スノーマジックファンタジー」（２０１４年1月）

22　中村圭志『SEKAI NO OWARI の世界　カリスマバンドの神話空間を探る』（サンガ、２０１５年、２０６頁）

23　本多勝一『事実とは何か』（未来社、１９７１年、10－11頁）

24　前掲書、同

25　本多勝一『事実とは何か』（未来社、１９７１年、10－11頁）

26　Broadcasters Council for better Programs

27　Broadcast and Human Rights/Other Related Right Organization

28　筆者は２０１５年、安全保障関連法案が衆議院で可決、参議院で審議入りした7月27日（同日付新聞）から採決日（翌日付新聞）までの朝日、毎日、読売、産経、東京の一面紙面スペースに対する同関連記事の専有面積を調査した。各紙の掲載日数と掲載時の平均占有率は以下である。朝日：18日、47・０％、毎日：19日、41・３％、読売：11日、38・３％、産経：６日、54・１％、東京：33日、45・３％。

29　山口仁「新聞ジャーナリストの『ニュース感覚』」、大石裕編『ジャーナリズムと権力』（世界思想社、２００６年、１９１頁）

30　ジョン・デューイ著、宮原誠一訳『学校と社会』（岩波文庫、１９５７年、25頁）

第5章
ケアメディアを支えるもの

1　オープンダイアローグ――モノローグからオープンへ

概念とその広がり――フィンランドのケロプダス病院

ケアとメディアを考えるとき、重要な共通項がコミュニケーションである。かかわり合いの橋渡し役としてコミュニケーションは人と人の間に必ず存在するものであり、コミュニケーションがケア並びにメディアの原点といっていいだろう。本書で検討してきたケアメディアをコミュニケーション論のプロセスから考察すれば、違う「ケアメディア」の輪郭が浮かび上がってくる。本章では、ケアメディアがコミュニケーションからのアプローチを「支えるもの」として検討したい。

コミュニケーションには多様な意味が含まれるため、ここでは精神科の患者に関するコミュニケーションをめぐって新たな治療方法として紹介されている「オープンダイアローグ」について言及し、ケアメディアの輪郭を示していきたい。

オープンダイアローグは、ときに「急性精神疾患における開かれた対話によるアプローチ＝Open Dialogues Approach in Acute Psychosis」と呼ばれるように、主たる治療対象は発症初期の精神疾患で、社会ネットワークを活用した精神科ケアとしてフィンランド西ラップランドのケロプダス病院がその拠点である。統合失調症をはじめて発症したケースを2年間追跡調査した結果、入院期間は約19日間短縮され、抗精神病薬が必要とされた事例は全体の32%のみ。82%の患者で精神症状はごく軽いかまったく見られず、障害者手当を受給している患者は23%、[1]という成果が示されている。

それは「バフチン[2]の対話原理や、ベイトソン[3]の思想の流れをくむ言語的アプローチ」であり、ミーティングでのコミュニケーションには三つの原則がある。「1　不確実性への耐性」「2　対話主義」「3　社会ネットワークにおける〈ポリフォニー（多声性）〉[4]」である。

著名な精神科医である斎藤[5]は「いまや、私は、すっかりオープンダイアローグに魅了されてしまっています。ここには確実に、精神医療の新しい可能性があります[6]」と絶賛する。開発者のヤーコ・セイックラ[7]の説明によると、オープンダイアローグは「技法」や「治療プログラム」ではなく、「哲学」や「考え方」である、という。具体的には患者と治療チームが患者に関する対話を行い、その話を患者からの独白（モノローグ）ではなく、複数の人数での話や、時には客観性を持たせるために話を当事者ではなく第三者どうしで話してみる等の姿勢で対話（ダイアローグ）させる。

ケアメディアを考える上で取り上げたのは、三つの原則は医学的な治療行為であるばかりでなく、社会学的であり、コミュニケーションによるアプローチであり、「ニーズ適合型アプローチの形式のなかで、対話の技術を洗練し発展させたようなもの[8]」と位置づけられた対話だからである。具体的には、不確実性の対応については、「いちばん不安定な時期に毎日ミーティングを開くことは、患者の安心のためにはきわめて有効なやり方」[9]であり、対話主義については、「『言語化されにくい経験を言語化する』『語られてこなかったことを語らしめる』手法を洗練し続けてきました」[10]「有意義な対話を生成していくためにも、治療チームは、患者や他のメンバーの発言すべてに応答しなければなりません」[11]とし、社会ネットワークにおけるポリフォニー（多声性）については、「対話の目的は、（家族療法における）システム論的アプローチのように、システムの作動に介入することではない」[12]「さらに一歩踏み込みます。つまり質問を重ねることで、さらにくわしく妄想を語ってもらおうとするのです」[13]としている。

この取り組みの詳細を見れば見るほど、機能不全となっているマスメディアのコミュニケーションと受け手との関係など、コミュニケーションというキーワードで、ケアメディアとの接点が見出されていくが、日本での展開では社会学の視点を加える必要がある。

「集合的モノローグ」から脱するために

オープンダイアローグを分解すると、様々な考え方や手法などで成り立っていることが分かる。その一つひとつはコミュニケーション論でもあり、メディアが行うべき所作をも示してくれているようで面白い。2016年5月に京都で行われたセミナー[14]で、出席したヤーコとトム・エーリク・アーンキル[15]は、エッセンスや事例、実際に患者との対話を行った。その中でトムは患者と対話をするソーシャルワーカーら支援者は客観的でなければならない、という常識に対しこんな発言をしている。

ソーシャルワーカー等の専門家と議論していると、「えっ、私がそんな主観的になっていいんですか？」と驚かれることがあります。私はこう問いかけます。「あなたは、一体どのようにして主観的でない存在になれるのですか？」「あなたがあなた自身の主観を持たなければ、一体誰がそうなるのですか？」そして、「誰が、あなたは主観的であってはならないと教えたのですか？」と。

「私の職業的理想は、主観的ではなく、客観的であり続けることです」という人がいますが、それは不可能でしょう。もし可能だとしたら、その人は人間ではなくなってしまいます。

ダイアローグのなかに客観的素点が存在する、と自分が考えているあいだは、他人の話を傾聴していないのだと思います。そういう態度は、他の人に対してこう考えるべきだ、こう聞くべきだと言っているようなものです。それでは、自分の見方に同調しろと強制しているのと同じです。[16]

対話に関するこのような見方が象徴するように、メディアによるコミュニケーションの視点からも、新鮮な驚きと新たな可能性に気付かされる。例えば、「水平の対話」と「垂直の対話」という概念である。これは「集合的モノローグ」の解消の一つでもある。集合的モノローグとは、多くの人が集まっているのにもかかわらず、それぞれが「独り言」の世界から出ず、対話になっていない状態のことで、参加者は自分の話をするだけで、相手の話を「聞いたフリ」「わかったフリ」[17]するだけで、本当の意味で相手の話を聴いていないことになる。これを解消するのに必要なのが「水平の対話」と「垂直の対話」である。

水平の対話は、会議等の場に集まった人々の間の対等な対話のことを指し、垂直の対話は、「各人の内的対話」である。つまり、集合的モノローグから脱するには、対等な関係の中で「その人自身の観点から相手の発言を『回想する』こと」[18]にあるという。

シンポジウムでファシリテーターを務めた竹端[19]は、「『いま・ここ』の可能性」と「『ために』から『ともに』」という二つのポイントを挙げている。前者は、「客観的なセラピスト」という立ち位置を超えていることを前提にして、こう解説する。

クライエントが経験したショックな出来事を聞いて、実際にヤーコの胸はずしりと痛んだ。そのことを「垂直の対話」で受け止めたからこそ、ヤーコは「自身の観点から相手の発言を『回想』」し、「いま・ここ」の場面で追体験したからこそ、「あなたはとても悲しそうに見えますね」とは言わず、「私はとても悲しい気持ちになりました」と、自身の「強力な感情」を表現したのである。そして、そのようにヤーコがセッションという「いま・ここ」の場で一歩踏み出すからこそ、クライエントは抑圧していた強い感情がわき出し、「生きられる経験」を体感する。そこから、場が動き出す。[20]

後者の「ために」から「ともに」、については、患者と支援者の関係が「生徒と教師、患者と支援者、観察するもの・されるもの、を切り分けた二項対立的な客観性に基づく[21]」ことにより、「専門職が疾患者の『ために』○○してあげる、という一方通行的な専門性の押し付けにもつながりやすい[22]」と指摘する。

つまりオープンダイアローグは「専門家が対象者を一方的に評価・判断する、という意味での『あなたのために』というモードから、『いま・ここ』での『新しい意味』や『生きられる経験』を共有する『あなたとともに』というモードへの転換である。専門家の教科書的知識を脇に置き、『あなたとともに』不確実な世界に飛び込むことができるか、が問われている[23]」とする。ここでの、「いま・ここ」「あなたとともに」という概念は、マスメディアが強調しすぎるきらいのある「客観性」とは真逆ではあろうが、それは、ケアメディアの在り方のエッセンスと確実につながるキーワードである。

オープンダイアローグの捉え方

オープンダイアローグは現在、薬に頼りがちな治療を疑問視する当事者と医師らの間で静かに研究され、広まっている。それは時代の要請を背景にした患者の心の叫びのようで、「治りたい」という強い患者の意志が医師を動かし、関係者を動かしている状況だ。医学書の老舗出版社、医学書院は隔月発行の専門誌「精神看護」でも前述の斎藤が紹介して以来、毎号のようにオープンダイアローグの特集を組むなど力を入れている。

オープンダイアローグを日本で普及しようと立ち上がった「オープンダイアローグネットワークジャパン」の共同代表である斎藤は、２０１６年10月15日に東京で行われたシンポジウム「オープンダイアローグ～日本での展開～」でパネリストとして参加し、オープンダイアローグに関するセミナーの開催が昨年から相次ぎ、高額なセミナーでも満員になるなど、関係者の期待が高いことを報告した。カウンセリングを日本で初めて事業化したといわれる臨床心理士の信田[24]は、当初オープンダイアローグには懐疑的に接していたが、実施チームに参加し、実際にやってみると、「手応えありすぎ[25]」と驚いたという。治療チームの関係性も変わり、チーム（仲間）も見えてきた。それは、信田が取り入れてきたモレノ[26]の心理劇（サイコドラマ）の手法にも似ており、さらに即興性や創造性を伴い、心地よい快楽にもつながるとする。さらにオープンダイアローグに近い手法である当事者研究を北海道・浦河町の「べてるの家」で行う向谷地[27]は、国内の三つの精神科病院で2年間実施したオープンダイアローグに参加し「シンプルすぎて認識しにくい。スーと入ってくる感じ[28]」がその凄さだという。「言葉」を小さな輪の中で語っていく、それは希望を語ることであり、そのこと自体で体が整えられていくことを「べてるの家」で実践してきたが、オープンダイアローグの展開は、患者に関する心のバリアフリーに向けて大きな社会運動のきかっけになるのではないかと期待している、と結んだ。[29]

オープンダイアローグの発見と展開は、発祥の地がフィンランドの地方都市ゆえに、薬が調達しにくいハンディを克服するため、薬に頼らず治療しようという治療チームの意思が手法に結び付いたとされているが、一般的には患者を「薬を使わず治す」というイメージが夢のような響きを持って伝わっている。実際に薬を減らした実績も紹介されており、シンポジウムの会場には当事者も多く見られ、この手法が希望の光となって受けとめられているようだ。

このオープンダイアローグは、治療までに至らなくても、精神的な悩みを抱え、社会に出られずにいる状態の人に対して、再度社会に出てもらうための取り組みとして有効な手法であろう。そして、このコミュニケーション形態はケアメディアを形づくる一つの考え方として有効であり、概念化の手がかりになる。マスメディアはこれまで「集合的モノローグ」であったが、ソーシャルメディアの発展や双方向性メディアが広く社会に普及する中で、次第にその独白に目を向け、耳を傾ける人がいなくなったのである。

既存メディアには、調査報道など良いジャーナリズムによる記事に市民は振り向いてくれる、という考えが今も根強い。しかし、瞬間的には振り向いても、根本的な解決には至らない。それは、旧式の「医療モデル」と同じで、仮面の裏側にある権威性が見透かされてしまっているのである。ここからの反省を踏まえて展開される信頼回復には「水平の対話」と「垂直の対話」などオープンダイアローグの手法は参考になり、同時にケアメディアの考え方と通底するのである。

2　対話を補助する機能としてのメディア

メディアが社会をつくり出す観点から

メディアがコミュニケーション行動を通して人と人とを結び、社会を形成していく中にあって、そのコンテンツの基本となる言葉並びに「語り」という行為について、ハイデガーが語る「ロゴス」から考えてみたい。以下長い引用になるが、言葉が私たちを規定していることを確認しなければ、人と人とのかかわり合いとして意味を成す「ケア」を語れないからであり、ロゴスへの深い理解は、そのロゴスを伝えるという機能としてのメディアを規定するのに必須である。

ロゴスとは〈語ること〉ですが、しかしそれはある音声を発するという意味での語りではなく、それによって語りかけられているものがおのれを示すように、語られている当のものを提示するという仕方で、あるものについて語ることなのです。語りというものはいずれも、殊にギリシア人にとっては、ある人に向かって、あるいは他の人と語ることであり、自分自身と、あるいは自分自身に向かって語ることです。語ることとは、人がひとりぼっちで存在しているわけではない具体的生活においては、他の人となにごとかについて語ることなのです。他の人となにごとかについて語ることは、そのつど自分を語り出すことにほかなりません。他の人となにごとかについて語ることのうちで、私は、あからさまにであろうとなかろうと、自分を語り出しているものなのです。

このロゴスがいったいどうしたというのでしょうか。ロゴスは人間の存在そのものの基本的な規定なのです。ギリシア人によって人間は、〈ロゴスを持つ動物（ツオーオン・ロゴン・エコン）〉と見られています。哲学的にだけではなく、具体的生活においても、〈「生物でありながら」言葉をもつ生物〉だと見られているのです。この定義から生物学や精神科学的心理学などを思い浮かべてはなりません。この規定はそうした区別に先立つものだからです。〈生（ツオーエー）〉というのは一つの存在概念です。〈生きる（レーベン）〉ということは、ある〈存在の仕方〉、しかも〈ある世界の内に存在していること〉を意味しています。一個の生物はただ眼前に存在しているというだけではなく、一つの世界の内に、世界をもつという仕方で存在しているのです。一匹の動物は、ただ路上に置かれ、なんらかの装置に操られて路上を動いているわけではありません。動物は、〈世界をもつ〉という仕方で世界の内に存在しているのです。ところで、人間の世界内存在は語るということによって根本的に規定されています。人間がその内に存在する基本的な仕方は、世界と語り、世界について語り、世界から語ることなのです。こんなふうに、人間はまさしく〈語り（ロゴス）〉によって規定されています。こうして、定義が一つのロゴスなのだとすれば、そのロゴスが人間の存在の根本規定なのですから、この定義という事態がどこにその基盤をもつかは、諸君にもお分かりでしょう。〈限定［定義］（ホリスモス）〉としてのロゴスは、存在者をその〈存在（ウーシア）〉に関して、つまりその現に在る在り方（ダーザイン）に関して語り掛ける者なのです[30]。

人間の根本規定のロゴスは、メディアとしてある人間の条件をも規定しながら、人との関係を結び、そしてケアする役目も担う。物語を紡ぐときもあれば、メッセージとして受け手に強い印象を与えることもある。メッセージ性を帯びるときに連想されるマクルーハンの「メディアはメッセージ」も、ロゴスの派生した形と位置づけられる。

マクルーハンによる「メディアはメッセージ」への吉見の見解はこうだ。「メディアがメッセージそのものではありえないとしても、社会的現実は、それを織りあげている言説のメディアによって、物質的に条件づけられている。このことは、たんにメディアがメッセージと異なる次元で感覚に作用するというだけの意味にとどまらない。メディアはもっと深いレベルで、メッセージを成り立たせるコミュニケーションの地平を規定しているのである。話し言葉というメディアに媒介される世界と、書き言葉というメディアに媒介される世界とでは、人々は根本的に異なる認識の地平を生きており、同じようにみえるメッセージでも、その社会的作用はまったく異なる」[31]。

ロゴス、そこから派生する形、それはコミュニケーションであり、ダイアローグであり、メッセージであるが、常に相手がいるところからはじまる。この「社会的作用」を意識してこそ、ケアメディアが成り立つのである。

対話の目的とメディアリテラシー

ロゴスの定義から展開されるコミュニケーションは有機的要素を兼ね備え、他者や会社組織、社会の中で分解されながら、関わる人の幸福に向かってひた歩く。これはハーバマスのいうところの「コミュニケーション的行為」の連続であると解釈するならば、それは「人民主権の過程化」(Die Prozeduralisierung der Volkssouveränität)[32]と呼ばれる民主的な取り組みのプロセスであるといえよう。このコミュニケーション的行為について、林香里は「コミュニケーション的行為は、社会の隅々の空間に個別に発生するが、それらはそれぞれに関連性のある法治国家の諸制度に対して、『コミュニケーション権力』として働きかける。こうして『人民主権』という権力の場所および主体の規定は、すべてコミュニケーション的行為という『間主観性』(Intersubjektivität)の関係性概念によって展開される過程のなかに委ねられる[33]」としている。

ハーバマスは『公共性の構造転換』(第2版)の中で、「市民社会」という言葉が意味するところへの注意を促している。それはヘーゲルやマルクスが意味した市民社会とは異なり「《市民社会》の制度的な核心をなすのは、自由な意思にもとづく非国家的・非経済的な結合関係である。もっぱら順不同にいくつかの例を挙げれば、教会、文化的なサークル、学術団体をはじめとして、独立したメディア、スポーツ団体、レクレーション団体、弁論クラブ、市民フォーラム、市民運動があり、さらに同業組合、政党、労働組合、オールタナティブな施設まで及ぶ」とし、一般市民に開放されたコミュニケーション空間の広がりを具体的に示している。[34]

さらにいえば、市民社会においてネット空間におけるソーシャルメディアの爆発的な拡散も考慮すべきで、人民主権は同時多発的に発生しており、「SEKAI NO OWARI」が繰り広げるライブ活動や楽曲の発表も、集まる人々は自由意志に基づき自発的に動き集う点においては、ハーバマスのいう「市民フォーラム」といってもよいだろう。

しかし留意するポイントがある。それは「共通善」という考え方だ。林香里の指摘を引用する。

ハーバマスは民主主義がめざす別の徳としての、社会における「共通善」の実現という問題をいかに捕捉しているのであろうか。この点に関してハーバマスは、多元的に競合するアソシエーションを政治過程に取り入れていくことは、民主主義が主眼とするところの「共通善」をめぐる議論をとおして、市民に社会的問題の所在を明示し、問題意識を活性化させることになる、と主張している。つまり、間主観性のなかで「了解志向的」に展開する市民間のコミュニケーション行為が、現代社会において発動すべき型の民主主義を熟成させ、よりよき社会をめざす「共通善」への視線を誘導すると論じているのである。そして、そのような過程に求心力をもたせ、最終的に社会的バランスを伴う政治を実現させるための討論のルール、あるいは倫理とは、人間に普遍的に備わっている理性であり直観であると主張する。[35]

前述のように、市民のコミュニケーションが理想的なルールの中で理想的な過程を経て最終目的地にたどり着けばよいのだが、人間社会では困難なことは誰もが知っている。それでも、良い方向へ向かうわれわれの努力が様々な形で行われる中で、コミュニケーション行為におけるメディア活動は、メディアリテラシーとして、情報と正しい関係づくりができる能力を養おうとする動きと連動して、共通善に向かう気概が必要であろう。

メディアリテラシーについて、菅谷による定義では「メディアが形作る『現実』を批判的（クリティカル）に読み取るとともに、メディアを使って表現していく能力のことである。（中略）機器の操作能力に限らず、メディアの特性や社会的な意味を理解し、メディアが送り出す情報を『構成されたもの』として建設的に『批判』するとともに、自らの考えなどをメディアを使って表現し、社会に向けて効果的にコミュニケーションをはかることでメディア社会と積極的に付き合うための総合的な能力を指す」という。[36]

積極的にメディアに付き合う術を身に着けることを目的としたメディアリテラシーの視点には、ケアの概念を示すことによって、メディアと人との関係が具体的かつ親和的に築き上げられる効果があるのだと信じたい。

それでは最後となる次節で、ケアメディアの考え方をまとめて、今後の可能性について言及する。

3　劇場型に対して市民オペラ型のメディア

市民オペラを指揮するのは誰か

昨今のメディア環境の激変とメディア不信の中にあって、それでもメディア・ジャーナリズムはそのままであり続けられるのだろうか。林香里は次のようにいっている。

〈マスメディア・ジャーナリズム〉は今後も地球上のさまざまな当事者どうし、あるいはありとあらゆる空間、場所、運動思想どうしを一堂に結びつけるという、重要な社会的、あるいは制度的役割を担い続けるだろう、と私は考える。われわれが生きる社会には、組織としての、あるいは制度としての〈マスメディア・ジャーナリズム〉が必要である。[37]

この問題意識は私も刹那的に持っている。ここから林は悲観論を展開する。

しかしながら、そのようなマスメディアの機能を確認し、そこにさらに大きな期待が膨らむ一方で、（中略）実態は厳しい。マスメディアが透明なる情報媒体として、社会の情報の運搬機能を果たすことはもはや不可能であろう。それは誕生時からの発展過程を通して常にイデオロギーをはらんだ情報媒体であった。加えてそれは、市場原理の下に置かれた私企業によって運営されている。（中略）そうしたマスメディアの環境においては、多くの民主主義論者の理念や期待はあとかたもなくかき消されてしまう。[38]

この点に納得しながらも、ケアの視点も従来のマスメディアの理念と同様に消されてしまうのか。いや、断じて否といいたい。なぜならケアは私たちの期待でも理念でもなく、存在そのものだからだ。こう考えれば、ケアメディア及びケアジャーナリズムこそが、不信からの解放の道を開く新たな先導役になる気がする。もちろん、企業としてのメディアが生き残るかどうかの問題ではなく、市民とメディアの健全な関係性の構築と、ストレスのない情報交流に向けて、である。この考えの基本として、まずはケアメディアの５Ｗ１Ｈを提示しなければならないだろう。これまでの検討で象られた輪郭は、以下である。

Who（誰が）：誰もが受発信できる環境を基本として、誰もが水平の関係性において行われる
What（何を）：権力に関するものと身近なものはつながっているという認識において、すべてのコミュニケーション行為
When（いつ）：あらゆる時ではあるが「いま・ここ」の意識の重要さを知っていることが大切である

Where（どこで）：コミュニケーション空間におけるどんな場所において可能で、メディア環境を特記するならば、そこはメジャーメディア、ソーシャルメディア等規模と形態は問わない

Why（なぜに）：社会におけるメディア不信を背景として、コミュニケーション行為の正常な運用に向けて、人が関わる社会においての、共通善を目指す行為が必要との認識を起点とする

How（どのように）：コミュニケーション行為の心持として、特にメディア行為においては模範的な態度を期待するものとして、ジャーナリズム活動においては、ケアメディアのガイドラインを中心に置いた運営を行う

ケアメディアは、考え方であり、在り方であり、同時にテーマでもある。この言葉をどのように捉えるかは、そのコミュニケーションの発信者または受信者の立場や役割、そしてニーズにより決定されるため、可変的な概念でもある。さらに、ケアメディア概念が広がる過程において重要なのは、ハーバマスのいうところの市民社会における公共圏において、市民参加型のプラットホームにて、ケアの存在を認識し、触れて、かかわり合っていくことであろう。筆者は、それぞれが必要な発信なり受信なりを行いながら必要なコミュニケーションを繰り広げていく市民参加型のオペラのようなイメージを想定している。

これまでのマスメディアが舞台の上で演じていたコミュニケーション行為は、ステージが聖

域化され、舞台と観客席には見えざるも確実に隔てられた壁が存在していた。ソーシャルメディアの発展はいつの間にか、ステージと客席との壁を取り払い、ステージが広がり、それは観客もステージと一体化しながら、時には演じる側となり、時には客になるという自由の中でコミュニケーションが展開されはじめている。伝統を重んじる劇場型オペラはいつの間にか、専門化したサロンとなるのかもしれない。

これは現状のマスメディアに対する悲観論ではない。SEKAI NO OWARIがかもしだす雰囲気やテーマ設定は観客に、これまでの常識化した「バンド観」の悲観論を歌っているように勝手に想像させたが、彼らの楽曲をじっくりと聞くと、それは悲観ではなく希望を歌っているのだと気づかされた。同じように、ケアメディアを目指す市民参加型オペラに賛同することは、マスメディアの新たな夜明けに向けた希望の灯を心にともすのではなかろうか。

マスメディアがケアに根差す報道活動を考えたとき、おそらく見える景色は違って、行動が変わってくる。その時に再度、人の信頼を得る素地ができるはずだ。そのためのガイドラインを以下示したい。

周縁ではなく中心へ

ケアは女性的な倫理であり、柔らかい印象の柔らかい行動という認識が一般化されており、マスメディア並びにジャーナリズムの中においては、女性や子ども、マイノリティ、社会的弱者などが対象となる言葉であった。しかし、従来は、男性的な正義の倫理観が中心に置かれ、ケアは脇に追いやられてきたのである。それは「周縁」という言葉で表現され、女性の権利や高齢者や障害者をめぐる問題を中心化できなかったのは、日本の男性型社会が弊害になっているのは否めない。

しかし時代は変わった。メディア発信におけるプロとアマチュアの壁も、記者と市民の垣根もなくなり、グローバル化の中でつながる社会が現実的に始まっている。ジャーナリズムは相変わらず、不偏不党と権力監視という、相反する難題を同時に追いかけている。ただ、それは時として企業としてのメディア組織においては、優先順位に「企業の論理」が先立つこともあり、二つの難題解決への努力はそもそも徒労にすぎないのかもしれない。

だから、強調したいのは、メディア及びジャーナリズムの立つべき寄る辺として「ケア」というかかわり合いが基本にあることである。企業としてのメディアも、ジャーナリズムを追究するメディアも、ケアによって成り立つことに変わりはない。私はケアを視点にした新たなジャーナリズムの視点が、メディアに大変革を起こすと考えている。そして、ケアという1本の柱を貫き通す信念を行動に移し、それが束になったときに、メディア並びにジャーナリズムが信頼を得て、多くの市民の幸福に向かうメディアが成り立ち、高い水準でのメディアコミュニケーションが展開されると信じる。その過程で質の高い調査報道も権力監視も成り立つ。つまり、ケアメディアがメディアの考え方の中心になっていくことが、社会にもメディアにも必要である。

最後にケアメディアがやるべきこと（ガイドライン）を明確に定義したい。これは、ここまで検討してきたヘーゲルやカント、ハーバマスなどの考え方のエッセンスや時代の要請、これまでの反省を受けた上で「つながる」時代の「つなぐ」意識のもと、示している。もちろん、ケアメディアという言葉が辞書にも登場しない現在において、言葉の定義が定まったわけではなく、以下の項目も検討しなければならない。今後の議論に向けての基礎段階と考えてほしい。

・ケアメディアは、人を善とみなし、人の成長を信じることを起点として、そのかかわり合いを尊重する
・ケアメディアは、当事者に近づこうとする強い意識のもとで行われる
・ケアメディアは、既存のメディアやソーシャルメディアなど領域を問わず活用できる考え方である
・ケアメディアは、人を大切にする姿勢を貫くため、その行動は高い倫理観と強い正義感に支えられるが、それらは義務感によるものであるとの自然な認識を目指す
・ケアメディアは、かかわり合いを考え、つながりを重視する
・ケアメディアは、つながることで自由になることを信じる
・ケアメディアは、あくまで自然のつながりが大切だという認識をもとに促される行動を奨励し、その使用者を制限することはない
・ケアメディアは、媒体、思想、在り方、行動の仕方などを指し、具体的な意味はかかわり合う人が決める

・ケアメディアによるコミュニケーション行為は、常に水平な関係を保つことで公平性が担保されることで透明性にもつながり、万人の信頼を得ることを目指す

これらの項目の主語としてのケアメディアなる言葉は、実践こそ大事で、実践のなかで専門性を帯び、広範な意味へと広がっていく。実践については稿を改め論じたい。さらにケアメディア「ケアメディア」を「ケアメディアを実践する人」に限定してみよう。実践する人が向かうのは共通善にあると考えると、一つひとつは「メディア」関連の組織やプロフェッショナルだけではなく、ソーシャルメディアを扱う人も、近所の人たちと世間話する人々にとっても、ケアメディアのガイドラインは実践のなかで価値が生まれると考えている。

メディアコミュニティの自覚と未来

2016年7月に神奈川県相模原市の知的障害者施設「津久井やまゆり園」で入所者19人が元職員によって殺害された事件は、知的障害や精神保健の問題をクローズアップしながら、「ケアメディア」を考える上で重要な論点を示している。被害者や加害者、知的障がいと精神疾患、さまざまな切り口からたどり着く「福祉」という世界は、多数派が集う一般の社会とは隔絶された印象があり、今回の残虐な事件も少数派の世界が闇と化してしまったために起きたと捉えられる。この世界を、ブルデューの「界」概念と照らし合わせてみよう。この概念は、私たちの社会を規定し、それが各領域の相互関係を時には阻害している事実を突き付ける。事件の現

場となった相模原市の「津久井やまゆり園」を見て、その場所が心理的にも物理的にも社会から疎外されていなかったか、という問いかけも浮かび上がってくる。

ブルデューによれば、「界」とは「異なる立場間の客観的関係のネットワーク、あるいは配置と定義できるだろう。この場合の立場とは界の中で争われる利益へのアクセスを可能にするような各種権力（あるいは資本）の分配構造の中での現実的あるいは潜在的な状況や、他の立場との客観的関係（支配、従属、相同性など）によって定義されるものであり、この立場は、その中にいる人や組織にある種の決定を強いるものである」[39]と語っている。他の立場との客観的関係は、時間概念の違いを生み出す。私は「福祉の時間と経済の時間」の違いを福祉関係における講演やコラムサイト内などで以下の内容で指摘した。

「障害者が気持ちよく働くには、『福祉』の時間の流れで、時間を支配する責任者が障害者に対応し、安心させる必要がある」とし、障害者雇用を定着させるためには「『経済』と『福祉』の橋渡し役が必要なのだが、どちらの『時間』の流れを採用するのかが悩ましい」[40]。

私たちの社会は、時間に支配されていると同時に相互行為においては、「界」によって、何らかの制約を課せられている。それが、社会を管理するのに都合のよい区分であり、結果的に我々が「安心」を得られることにもつながるのだろう。

人が集合すれば、自然発生的な行為として界がつくられるが、何らかの力やコントロールが介在し、時の権力が管理しやすい枠組みに押し込められる可能性があり、それが万人にとって正しいとは限らない。福祉という界の中で、患者や障害者の置かれた界はどうだろうか、と考えてみる。その界は、彼らが望んだものなのか。支援をするための枠組みなのか、管理をしやすくするための枠組みなのか。

「津久井やまゆり園」の風景はどうだろう。それは「自然と一体となった環境が良好な場所」なのだろうか。「市街地と隔絶された地域に押し込められた場所」なのだろうか。この点の認識をメディアから読み取ってみよう。

徳島県の福井公子さんは、重い自閉症で知的障がいがある息子さんがいる。出版社「生活書院」のインターネットサイトにおける連載記事[41]の中で、彼女は今回の報道で気になった点を指摘した。まずは、施設で150人暮らしていることの受け止め方に驚いたという。

障害がある人がこのような施設で150人も集団で暮らしていることに誰も疑問をもたないことでした。関西のある人気キャスターは、プールも体育館も備えていて非常に充実した施設だと。職員も200人以上いるので手厚い支援がされていただろう。そこで仲間たちと穏やかに暮らしていた人たちだと伝えていました。仲間といっても、自分たちの意志とは関係なく、一緒の暮らしを強いられていただけなのに……。どんな命も大切と力説しながらも、生活の質は問わない、自分たちと暮らしが違うのは当たり前、そう考えているように思いました。[42]

重度の障害者は一般的な労働や経済活動は困難だから、労働・経済という界から離れて、福祉の界の中にいる。このメディアの伝え方は、客観性ではなく、よそ者の視点である。福井さんはさらに疑問を呈する。

次の日には、手をつなぐ育成会の会長が親子で登場し、重度の子であっても親にとってはかけがえのない存在であることを語っていました。(中略)それを見てなんだか切なくなりました。親が大切だと言っているのだから、存在意義がある。そう伝えているように感じたのです。社会そのものが、この人たちの存在を肯定する言葉をもっていないのではないか。[43]

あらためて自問をしてみると、まったくその通りで、彼らと社会との接点がないから、私たちはその存在を認める力強い言葉がない。メディアは彼らと社会とをつなげるべき役割を担っていることを自覚する必要がある。この言葉を受けて、土地の安い僻地の大きな施設で「伸び伸び」「自然と一体化した中で」彼ら障害者が暮らしていることを私たちは誇れるほど、彼らの事を熟慮したのだろうか、と自問したい。そして再度考えたい。今回の被害者たちはなぜ、家族とともに暮らせなかったのだろうか、と。

おそらく、家族も生活で大変だし、施設で暮らした方が、支援のプロの人たちに囲まれて安心するだろう。これを否定しないが、これがさまざまな選択の中の一つであればよいが、施設での生活のみの選択に追い込まれる、またはその選択を強いるような雰囲気を社会はつくり出していないだろうか。先ほどの福井さんの疑問がより心に響いてくる。

相模原事件で浮かび上がってくるのは、まさに、私たちの「社会」は障害者に関する言葉を、存在を確かめる言葉を持ち合わせていない、ということである。それは彼らを「界」に押し込めているから、一般社会から隔絶させているからであり、コミュニケーション行為が行われていない結果である。

高齢化社会の到来とともに、高齢者が「施設で暮らすべきか」もしくは「家で暮らすべきか」の議論は、ある程度現実問題として家庭の議論から社会的な議論へと広がった。一方、障害者は、「家族とともに暮らすべき」かの家庭内議論を行ったとしても、参考とするべき社会的な議論が行われてきたのだろうか。そう考えたとき、あまりにも私たちは、彼らを管理しやすい場所に押し込めてしまっている気がしてならない。

コミュニティの形成は時代のキーワードになって久しい。それぞれの人間が生きやすく、自分の可能性を広げるために他者とつながり、かかわり合って広がっていくため、コミュニティは平和的なニュアンスを含み世の中の肯定的な存在となっている。しかしながら、コミュニティの集合体が大きくなればなるほど、それは管理の難しさが発生し、人は管理のしやすさを優先して、管理のための不自由さや他者との障壁をつくってしまう。

それが閉鎖された「界」となる。

ケアメディアを考え、ケアメディアの考え方に賛同し実践する過程においても、そのようなコミュニティ化は避けて通れないが、そこは常にオープンアクセスであり、開かれた言論の場であり、誰でもケアされ、そしてケアできる、という可能性を感じさせる場であることを願っている。そう考えると、ケアメディアの概念化は、ケアメディアに集うコミュニティ化の諸問題の解決をも含んでいるといえるだろう。

注記

1 斎藤環著・訳『オープンダイアローグとは何か』（医学書院、2015年、81-82頁）
2 ミハイル・バフチン1895年-1975年、ロシアの哲学者、思想家。対話理論・ポリフォニー論の創始者。
3 グレゴリー・ベイトソン1904年-1980年、米国の文化人類学・精神医学研究者。精神病棟でのフィールドワークから「ダブルバインド」概念を生みだす。
4 前掲書、81頁
5 斎藤環（さいとう・たまき）精神科医、筑波大学医学医療系社会精神保健学教授
6 前掲書、12頁
7 フィンランド・ユヴァスキュラ大学心理学部教授、臨床心理士、家族療法士
8 前掲書、30頁
9 前掲書、32頁
10 前掲書、33頁
11 前掲書、37頁
12 前掲書、38頁
13 前掲書、40頁

14　シンポジウム「オープンダイアローグを当事者・家族とともに実践するために必要なこと・してはいけないこと――フィンランドにおける〝沈黙〟と〝対話〟の解釈とソーシャルネットワークの再構築」
15　フィンランド国立健康&福祉研究所研究教授
16　ヤーコ・セイックラ、トム・エーリク・アーンキル、高橋睦子、竹端寛、高木俊介＝シンポジウム参加者『オープンダイアローグを実践する』（日本評論社、2016年、20頁）
17　前掲書、60頁
18　前掲書、61頁
19　竹端寛（たけばた・ひろし）山梨学院大学法学部教授
20　前掲書、63頁
21　前掲書、66頁
22　前掲書、同
23　前掲書、同
24　信田さよ子（のぶた・さよこ）臨床心理士、原宿カウンセリングセンター所長
25　シンポジウム「オープンダイアローグ～日本での展開～」（東京都豊島区、2016年10月15日）パネリストとしての発言、筆者出席し記録
26　J・L・モレノ　1889年-1974年、オーストリア系米国人の精神分析家。サイコドラマ（心理劇）の提唱者、グループセラピー（集団精神療法）の開拓者の1人。
27　向谷地生良（むかいやち・いくよし）北海道医療大学看護福祉学部臨床福祉学科精神保健福祉講座教授。社会福祉法人「浦河べてるの家」理事。
28　シンポジウム「オープンダイアローグ～日本での展開～」（東京都豊島区、2016年10月15日）、パネリストとしての発言、筆者出席し記録

29　前掲シンポジウム
30　底本「アリストテレス哲学の根本諸概念」『ハイデガー全集第18巻』（マールブルク大学、1924年夏学期講義、17－18頁）、（木田元「ハイデガー拾い読み」（新潮文庫、2014年、186－187頁）
31　吉見俊哉『メディア時代の文化社会学』（新曜社、1994年、45頁）
32　林香里『マスメディアの周縁、ジャーナリズムの核心』（新曜社、2002年、218頁）
33　前掲書、219頁
34　ユルゲン・ハーバマス著、細谷貞雄・山田正行訳『公共性の構造転換　第2版』（未来社、2000年、xxxviii）
35　林香里『マスメディアの周縁、ジャーナリズムの核心』（新曜社、2002年、220頁）
36　菅谷明子『メディア・リテラシー――世界の現場から――』（岩波新書、2000年、v）
37　林香里『マスメディアの周縁、ジャーナリズムの核心』（新曜社、2002年、390頁）
38　前掲書、同
39　伊藤高史『相互行為としてのジャーナリズムと構造化・情報源・界をめぐる社会学的考察』（マス・コミュニケーション研究No.83、2013年、107頁）
40　引地達也『経済と福祉の流れる時間の違いを考える』、インターネットコラムサイト『ニュース屋台村』http://www.newsyataimura.com/?p=5222（2016年12月29日）
41　生活書院ホームページ　http://www.seikatsushoin.com/（2016年12月29日アクセス）
42　生活書院ホームページ（コラム）　http://www.seikatsushoin.com/web/fukui47.html（2016年12月29日アクセス）
43　前掲ＨＰ、同

おわりに

辞書にもない言葉「ケアメディア」を、まずは言葉の定義やその背景などから概念化し、ケアが必要とされる環境と現代社会におけるメディア環境を探ってきたが、まだまだ緒に就いたばかりで、長い取り組みになることを覚悟しなければならない。本書はその序論になると考えている。

２０１６年12月25日付の朝日新聞（東京本社発行朝刊）は一面トップで、２０１５年のクリスマスの朝、広告大手、電通の女性の新人社員が長時間労働の末にうつ病を発症し、自殺したことに関連する母親の手記を掲載した。手記には「『会社の深夜の仕事が、東京の夜景をつくっている』と話していました」[1]と書かれ、東京の夜景を空撮した写真を掲載していた。

このような記事を読むと、誰かが彼女をケアできなかったのだろうか、彼女に接しただろう何らかのメディアが、彼女をケアすることはできなかったのだろうか、と考え込んでしまう。そんなケアが「なかった」から、もしくはどんな「ケア」も彼女を生き続けさせるには有効ではなかったから自死をしたのであろうから、ここでもメディアの無力を感じてしまう。

ケアメディアという言葉には、そんな人や現場の希望でありたい、という願いを込めている。社会背景としては、本書で見た通り、先進国における自死に対して各国政府が法整備など対策に乗り出しはじめた。もはや自死は文明社会の中では日常的な問題であり、精神疾患も、福祉の中にいる人たちも身近な存在となった昨今において、「ケア」は誰もに関連する課題である。本書では、そもそも「ケア」は厚生労働省が考えるような「施し」の意味ではなく、「かかわり合い」から出発している点を指摘し、どんな人の心にも宿す言葉の一つに数えられないかと考えている。

残念なことに、現状では、日本のメディアにおいてその意味は限定され、矮小化されて伝わっている。しかし、ケアの意味をもっと広く捉えるならば、ケアという言葉そのものはもちろんのこと、従来のケアに関連する人たちと、それを取り扱うメディアの新たな領域での生き方にもつながっていくと考えられる。さらにソーシャルメディアの発展においては、誰もが発信者となる可能性がある。メディアの領域がボーダレスの時代となったことで、ケアメディアの概念化は大手メディアを対象にするだけではなく、広い社会に向けて一般化された取り組みとしてつながっていく可能性を帯びている。

ケアメディアの考えを根付かせようとしたときに、古代ギリシャのアリストテレスからヘーゲル、カントらの考えは、社会を形成する上において、市民の役割としていくつかの重要な点を指摘しており、なかでもハイデガーは、人間の存在そのものがケアであることを示していた。

ジャーナリズムの世界においては、メディア側の歴史的経緯や組織の構造的な問題を抱えつつも、ジャーナリズムの精神として守るべき強い理念があることも確認できた。この理念に引っ張られる格好でジャーナリズムはその理念を市民に押し付けてきたが、従来の関係性を市民は求めているわけではない。しかし、メディア側は「市民の外」にいることで客観性を確保しようとする習性から抜けきれず、本当の市民感覚や当事者感にまでたどり着けないのが現状である。

ジャーナリズムの改善点はいくつかあるものの、ケアメディアの視点では、当事者意識が重要なキーワードとなる。同時に、これまでケアとジャーナリズムの領域での研究について発信されてきた各種の論考は、少しずつ時代が求めているものと融合しているように思われる。従来のジャーナリズムにおいて、「ケア」の概念が周縁に置かれていた事実を確認した上で、ケアをケアメディアという形式で中心に置けないかを考えた。さらにフィンランド発祥の精神疾患を治療する方法である「オープンダイアローグ」手法を取り入れ、メディアとの融合を試みた。今後はフィンランドの高福祉社会の実情とメディアの成り立ち、コミュニケーション環境の研究を進めながら、ケアとメディア、コミュニケーションと福祉が交差する社会におけるメディア行為について詳らかにすることで、ケアメディアの輪郭がクリアになっていくのではないかと考える。

最後にケアメディアがやるべきことの数項目をあげたが、これは今後の実践に向けて議論の素案として考えていただきたい。

ケアメディアの探究は始まったばかりである。多角的な方面からその原義と可能性を検討しながら、広く社会で実践できる概念化を目指して、さらなる取り組みが必要と考える。

本書は上智大学大学院前期博士課程の修士論文「ケアメディアの概念化――メディアは人を

ケアできるのか」をベースに書いたもので、「ケアメディア」の概念化を目指す姿勢そのままに、現在の社会状況を踏まえ加筆したものである。ケアメディアの推進に向けての研究は、同大学の音好宏教授や共同研究を進めるアルン・デソーザ氏に支えられており、この場を借りて謝意を表したい。そして、ケアメディアなる言葉に共感していただいたラグーナ出版の川畑善博社長にも多くの指南をいただいた。心から感謝したい。

また、これまで支援者として要支援者と語り合い、それぞれの生きづらさに接しながら、一緒になって最善と最適を目指す苦悶の日々があってこそ、ケアメディアに真剣に向き合うことができていると考えると、これまでのすべての出会いに感謝の思いである。今、みんなの大学校を中心に活動を続ける中で、日々要支援者と混ざり合うことは、私にとってかけがえのない時間であり、活動の道しるべであり、社会の希望である。みんなの大学校に集う関係者と学生に「ありがとう」と言い続けたい。

注記

1　朝日新聞２０１６日12月25日１面「働く人全ての人　意識変わってほしい」

参考文献

ア行

Ｅ・Ｌ・アイゼンステイン著、別宮貞徳監訳『印刷革命』（みすず書房、１９８７年）
相田敏彦『構築主義　メディア理論への招待　カルチュアル・スタディーズの視覚から』（八千代出版、２０１０年）
浅野健一『メディア・ファシズムの時代』（明石書店、１９９６年）
キク・アダット著、福井昌子訳『完璧なイメージ　映像メディアはいかに社会を変えるか』（早川書房、２０１２年）
天野勝文『ジャーナリズムの倫理―実践すべき三つの課題―』（マス・コミュニケーション研究№43、１９９３年）
あらたにす編『２０３０年の日本へあらにす「新聞案内人」の提言』（日本経済新聞社、２０１２年）
ハンナ・アレント著、志水速雄訳『人間の条件』（筑摩書房、１９９４年）
ベネディクト・アンダーソン著、白石さや・白石隆訳『想像の共同体』（ＮＴＴ出版、１９９７年）
飯田泰三、山領健二編『長谷川如是閑論評集』（岩波文庫、１９８９年）
池見酉次郎『続・心療内科　人間回復をめざす医学』（中公新書、１９７３年）
石川准、長瀬修編著『障害学への招待』（明石書店、１９９９年）
石川准『見えないものと見えるもの』（医学書院、２００４年）
石川文康『カント入門』（ちくま新書、１９９５年）
板橋亮平『ジョン・ロールズと現代社会　規範的構想の秩序化と理念』（志学社、２０１３年）
伊藤高史『相互行為としてのジャーナリズムと構造化・情報源・界をめぐる社会的考察』（マス・コミュニ

ケーション研究No.83、２０１３年）

伊藤哲司、山本登志哉編著『日韓傷ついた関係の修復』（２０１１年、北大路書房）

井上裕之『「被災者」ではなく「被災した人」～東日本大震災のＮＨＫ取材者アンケートから～』（放送研究と調査、２０１３年）

井上靖『あすなろ物語』（新潮文庫、１９６８年）

井上泰浩『メディア・リテラシー　媒体と情報の構造学』（日本評論社、２００４年）

井上亮『非常時とジャーナリズム』（日経プレミアシリーズ、２０１１年）

岩井肇『新聞と新聞人』（現代ジャーナリズム出版会、１９７４年）

上野千鶴子、大熊由紀子、大沢真理、神野直彦、副田義也「ケア　その思想と実践１　ケアという思想」（岩波書店、２００８年）

上野千鶴子、大熊由紀子、大沢真理、神野直彦、副田義也「ケア　その思想と実践２　ケアすること」（岩波書店、２００８年）

上野俊哉、毛利嘉孝『カルチュラル・スタディーズ入門』（ちくま新書、２０００年）

植村八潮『ジャーナリズムとメディアの現在――理念を駆動する社会的装置』（情報の科学と技術　65巻1号２―７、２０１５年）

魚住昭『官僚とメディア』（角川書店、２００７年）

魚住昭『渡邉恒雄　メディアと権力』（講談社、２０００年）

宇野善康『《普及学》講義　イノベーション時代の最新科学』（有斐閣選書、１９９０年）

大井眞二『大震災後のジャーナリズム・スタディーズ――媒介・メディア化されるリスク・危機・災害』（マス・コミュニケーション研究№82、２０１３年）

大熊一夫『精神病院を捨てたイタリア　捨てない日本』（岩波書店、２００９年）

大熊一夫『ルポ精神病棟』（朝日新聞社、1981年）
大鹿靖明編著『ジャーナリズムの現場から』（講談社現代新書、2014年）
大塚達雄、井垣章二、岡本栄一編『入門　社会福祉　第5版』（ミネルヴァ書房、2001年）
大塚達雄、井垣章二、沢田健次郎、山辺朗子編『ソーシャル・ケースワーク論　社会福祉実践の基礎』（ミネルヴァ書房、1994年）
大塚将司『新聞の時代錯誤』（東洋経済新報社、2007年）
大塚将司『スクープ　記者と企業の攻防戦』（文藝春秋、2002年）
大槻久美子『こころのケアのコミュニケーション』（学習の友社、2011年）
大友駿『地域福祉における公共性の変質と再興―市民的公共圏を用いた理論枠組みの検討―』（北星学園大学大学院社会福祉学研究科北星学園大学大学院論集第5号＝通巻第17号＝、2014年）
大治朋子『アメリカ・メディア・ウォーズ』（講談社現代新書、2013年）
大平健『豊かさの精神病理』（岩波新書、1990年）
岡上和雄、大島巌、荒井元博編『日本の精神障害者―その生活と家族―』（ミネルヴァ書房、1988年）
奥村皓一『国際メガメディア資本　第3版』（文真堂、2010年）
小倉紀蔵『歴史認識を乗り越える　日中韓の対話を阻むものは何か』（講談社現代新書、2005年）
小澤勲『ケアってなんだろう』（医学書院、2006年）
小田光康『パブリック・ジャーナリスト宣言』（朝日新書、2007年）

カ行

笠原嘉『精神病』（岩波新書、1998年）
加藤秀俊『取材学　探求の技法』（中公新書、1975年）

KADAKAWA『別冊カドカワ 総力特集 SEKAI NO OWARI』（KADAKAWA、２０１５年）
金子勝、アンドリュー・デウィット『メディア危機』（ＮＨＫブックス、２００５年）
金平茂紀『テレビニュースは終わらない』（集英社新書、２００７年）
河北新報社『河北新報のいちばん長い日』（文藝春秋、２０１１年）
萱野稔人編『日本言論知図』（東京書籍、２０１１年）
Ｊ・Ｋ・ガルブレイス著、中村達也訳『満足の文化』（新潮文庫、１９９８年）
河内孝、金平茂紀『報道再生――グーグルとメディアの崩壊』（角川書店、２０１０年）
川口有美子『逝かない身体 ＡＬＳ的日常を生きる』（医学書院、２００９年）
河田恵昭『津波被害』（岩波新書、２０１０年）
川本隆史『ケアの社会倫理学』（有斐閣選書、２００５年）
Ｅ・カント著、宇都宮芳明訳『永遠の平和のために』（岩波文庫、１９８５年）
木田元『ハイデガーの思想』（岩波新書、１９９３年）
木田元『ハイデガー拾い読み』（新潮文庫、２０１２年）
木下和寛『メディアは戦争にどうかかわってきたか 日露戦争から対テロ戦争まで』（朝日選書、２００５年）
木下康仁『グラウンデッド・セオリー論』（弘文堂、２０１４年）
陸羯南『近時政論考』（岩波文庫、１９７２年）
C・バケス＝クレマン著、伊藤晃、松崎芳隆、中村弓子訳『レヴィ＝ストロース 構造と不幸』（大修館書店、１９７４年）
小糸忠吾『国際報道と新聞』（新聞通信調査会、１９８３年）
小阪修平、竹田青嗣、志賀隆生『現代思想・入門』（ＪＩＣＣ出版局、１９９０年）

小阪修平、竹田青嗣、志賀隆生『現代思想・入門Ⅱ』（JICC出版局、1990年）
児島和人『マス・コミュニケーション受容理論の展開』（東京大学出版会、1993年）
小玉美意子『メジャー・シェア・ケアのメディア・コミュニケーション論』学文社、2012年）
古東哲明『ハイデガー＝存在神秘の哲学』（講談社現代新書、2002年）
後藤将之『コミュニケーション論　愛と不信をめぐるいくつかの考察』（中公新書、1999年）
ビル・コヴァッチ、トム・ローゼンスティール著、加藤岳文・斎藤邦泰訳『ジャーナリズムの原則』（日本経済評論社、2002年）
ビル・コヴァッチ、トム・ローゼンスティール著、奥村信幸訳『インテリジェンス・ジャーナリズム』（ミネルヴァ書房、2015年）
小林陽一『心脳コントロール社会』（ちくま新書、2006年）
小松裕『田中正造　未来を紡ぐ思想人』（岩波書店、2013年）
駒村圭吾『法制度から見た「ジャーナリズムと権力」』（大石裕編『ジャーナリズムと権力』、世界思想社、2006年、57頁）

サ行

戈木クレイグヒル滋子『グラウンデッド・セオリー・アプローチ　理論を生みだすまで』（新曜社、2006年）
斎藤貴男『強いられる死』（角川学芸出版、2009年）
斎藤環著・訳『オープンダイアローグとは何か』（医学書院、2015年）
坂本沙織『イタリア4都市の精神保健の取組みの比較』（メンタルヘルスとウェルフェア第7号、2006年）

坂本沙織『精神障害者地域生活支援の国際比較―イタリア―』（海外社会保障研究第182号、2013年）
佐々木敦『ニッポンの思想』（講談社現代新書、2009年）
佐々木俊尚『キュレーションの時代』（ちくま新書、2011年）
佐々木俊尚『「当事者」の時代』（光文社新書、2012年）
佐藤卓巳「ジャーナリズムの冷笑主義」、佐藤『メディア社会――時代を読み解く視点』（岩波新書、2006年）
佐藤卓己『メディア社会――現代を読み解く視点』（岩波新書、2006年）
佐藤卓巳『現代メディア史』（岩波書店、1998年）
佐藤俊樹『社会は情報化の夢を見る』（河出文庫、2010年）
佐藤尚之『明日のコミュニケーション「関与する生活者」に愛される方法』（アスキー新書、2011年）
佐藤優、魚住昭『ナショナリズムという迷宮』（朝日新聞社、2006年）
マイケル・サンデル著、鬼澤忍訳『これからの「正義」の話をしよう』（早川書房、2010年）
清水英夫『マスコミの倫理学』（三省堂、1990年）
柴田鉄治『新聞記者という仕事』（集英社新書、2003年）
ロジェ・シャルチェ著、長谷川輝夫訳『書物の秩序』（ちくま学芸文庫、1996年）
ルイーズ・C・ジョンソン、ステファン・J・ヤンカ著、山辺朗子・岩間伸之訳『ジェネラリスト・ソーシャルワーク』（ミネルヴァ書房、2004年）
白石草『メディアをつくる「小さな声」を伝えるために』（岩波ブックレット、2011年）
鈴木哲夫『政党が操る選挙報道』（集英社新書、2007年）
菅谷明子『メディア・リテラシー――世界の現場から―』（岩波新書、2000年）

杉山光信「知識人の現在と公共性」『学問とジャーナリズムの間　80年代イデオロギー批判』（みすず書房、１９８９年）
ヤーコ・セイックラ、トム・エーリク・アーンキル、高橋睦子、竹端寛、高木俊介＝シンポジウム参加者『オープンダイアローグを実践する』（日本評論社、２０１６年）

タ行

高城和義『パーソンズとアメリカ知識社会』（岩波書店、１９９２年）
高木徹『国際メディア情報戦』（講談社現代新書、２０１４年）
高木徹『ドキュメント　戦争広告代理店』（講談社、２００２年）
竹内郁郎、児島和人、橋元良明編著『メディア・コミュニケーション論』（北樹出版、１９９８年）
竹内郁郎『マス・コミュニケーションの社会理論』（東京大学出版会、１９９０年）
竹内孝仁『通所ケア学』（医歯薬出版、１９９６年）
武田徹『原発報道とメディア』（講談社現代新書、２０１１年）
田島泰彦、山本博、原寿雄『調査報道がジャーナリズムを変える』（花伝社、２０１１年）
田島泰彦、原寿雄編『報道の自由と人権救済《メディアと市民・評議会》をめざして』（明石書店、２００１年）
田島泰彦、右崎正博、服部孝章『現代メディア法』（三省堂、１９９８年）
立入勝義『ソーシャルメディア革命』（ディスカバー携書、２０１１年）
立入勝義『検証東日本大震災　そのときソーシャルメディアは何を伝えたか？』（ディスカバー携書、２０１１年）
田中拓道「現代福祉国家理論の再検討」『思想２００８年８月号』（岩波書店、２００８年）

田端信太郎『MEDIA MAKERS』（宣伝会議、２０１２年）
マーク・タンゲート著、氷上春奈訳『世界を制した20のメディア　ブランディング・マーケティング戦略』（ブーマー、２００５年）
W・C・チェニッツ、J・M・スワンソン編集、樋口康子・稲岡文昭監訳『グラウンデッド・セオリー　看護の質的研究のために』（医学書院、１９９２年）
ノーム・チョムスキー著、鈴木主税訳『覇権か、生存か――アメリカの世界戦略と人類の未来』（集英社新書、２００４年）
塚本晴二朗『アメリカ・ジャーナリズムの倫理研究の潮流――日本が学ぶべきこと』（マス・コミュニケーション研究No.70、２００７年）
津田正太郎『メディアは社会を変えるのか　メディア社会論入門』（世界思想社、２０１６年）
土屋恵一郎『正義論／自由論』（岩波書店、２００２年）
坪井睦子『ボスニア紛争報道　メディアの表象と翻訳行為』（みすず書房、２０１３年）
ジョン・デューウィ著、清水幾太郎・清水禮子訳『哲学の改造』（岩波文庫、１９６８年）
ジョン・デューウィ著、宮原誠一訳『学校と社会』（岩波文庫、１９５７年）
E・デュルケム著、宮島喬訳『自殺論』（中公文庫、１９８５年）
寺島英弥『シビック・ジャーナリズムの挑戦　コミュニティとつながる米国の地方紙』（日本評論社、２００５年）
徳山喜雄『報道危機――リ・ジャーナリズム論』（集英社新書、２００３年）
富永健一『社会学講義』（中公新書、１９９５年）
富永茂樹『トクヴィル　現代へのまなざし』（岩波新書、２０１０年）
マルティン・ドーリー（聞き手＝林香里）『メディアは「民主主義の危機」に直面している』（岩波書店「世

界」２０１４年12月、２０１４年）

ナ行

中井久夫『治療文化論』（岩波書店、１９９０年）
中井久夫『災害がほんとうに襲った時　阪神淡路大震災50日間の記録』（みすず書房、２０１１年）
長澤秀行『メディアの苦悩　28人の証言』（光文社新書、２０１４年）
中嶋裕子『イタリアの地域精神保健を支える思想と制度』（精神保健福祉第42号、２０１１年）
クーロワ・ナズグリ『国際的にみる青少年の自殺の状況と自殺予防の実態』（国際医療福祉大学学会誌第21巻1号、２０１６年）
中西正司、上野千鶴子『当事者主権』（岩波新書、２００３年）
仲正昌樹『今こそアーレントを読み直す』（講談社現代新書、２００９年）
中村圭志『SEKAI NO OWARI の世界　カリスマバンドの神話空間を探る』（サンガ、２０１５年）
西研『ヘーゲル・大人のなりかた』（ＮＨＫブックス、１９９５年）
日本ジャーナリスト会議、新井直之『「毎日新聞」研究——「開かれた新聞」をめざして』（汐文社、１９７７年）
野中猛『心の病　回復への道』（岩波新書、２０１２年）

ハ行

Ｍ・ハイデガー著、桑木務訳『存在と時間（上）』（岩波文庫、１９６０年）
Ｍ・ハイデガー著、桑木務訳『存在と時間（中）』（岩波文庫、１９６０年）
Ｍ・ハイデガー著、桑木務訳『存在と時間（下）』（岩波文庫、１９６３年）

橋元良明『メディアと日本人——変わりゆく日常』（岩波新書、２０１１年）
長谷川宏『新しいヘーゲル』（講談社現代新書、１９９７年）
ピート・ハミル著、武田徹訳・解説『新聞ジャーナリズム』（日経ＢＰ社、２００２年）
浜田純一、田島泰彦、桂敬一編『新訂　新聞学』（日本評論社、２００９年）
林香里『マスメディアの周縁、ジャーナリズムの核心』（新曜社、２００２年）
林香里『ジャーナリズムの正統「くらし」に宿る——現代社会の権力の監視、そして倫理のために』（新聞研究No.684、２００８年）
林香里『〈オンナ・コドモ〉のジャーナリズム』（岩波書店、２０１１年）
林香里『震災後のメディア研究、ジャーナリズム研究——問われる「臨床の知」の倫理と実践のあり方』（マス・コミュニケーション研究No.82、２０１３年）
林香里、谷岡理香編著『テレビ報道職のワーク・ライフ・アンバランス』（大月書店、２０１３年）
林香里『音楽共有の場づくりとしての音楽活動』（現代書館、２０１５年）
林利隆『戦後ジャーナリズムの思想と行動』（日本評論社、２００６年）
原寿雄『安倍政権とジャーナリズムの覚悟』（岩波ブックレット、２０１５年）
原寿雄『ジャーナリズムに生きて』（岩波書店、２０１１年）
原寿雄『ジャーナリズムの思想』（岩波新書、１９９７年）
原岡一馬編『人間とコミュニケーション』（ナカニシヤ出版、１９９０年）
デイビッド・ハルバースタム著、筑紫哲也・東郷茂彦訳『メディアの権力1』（サイマル出版会、１９８３年）
土方透編『ルーマン／来るべき知』（勁草書房、１９９９年）
廣井修『災害報道はどうあるべきか—災害放送担当記者のための集中講座を開催—』（東京大学出版会、論

争いまジャーナリスト教育、２００３年）
広井良典『ケアを問いなおす――〈深層の時間〉と高齢化社会』（ちくま新書、１９９７年）
広井良典『日本の社会保障』（岩波新書、１９９９年）
広井良典『ケア学　越境するケアへ』（医学書院、２０００年）
広井良典『コミュニティを問いなおす――つながり・都市・日本社会の未来』（ちくま新書、２００９年）
チャールズ・サンダーズ・パース著、伊藤邦武編訳『連続性の哲学』（岩波文庫、２００１年）
ユルゲン・ハーバマス、ニクラス・ルーマン著、佐藤嘉一・山口節郎・藤澤賢一郎訳『批判理論と社会システム理論』（木鐸社、１９８７年）
ユルゲン・ハーバマス著、細谷貞雄・山田正行訳『公共性の構造転換』（未来社、１９７３年）
Talcott Parsons, Edward A. Shils "Toward a General Theory of Action" Harvard university press, 1967
平塚千尋『災害情報とメディア』（リベルタ出版、２０００年）
マーティン・ファクラー『「本当のこと」を伝えない日本の新聞』（双葉新書、２０１２年）
藤田博司「ジャーナリズムの信頼性確保のために」、藤田博司、我孫子和夫『ジャーナリズムの規範と倫理』（新聞通信調査会、２０１４年）
藤田博司『研究ノート　ジャーナリズムとＮＰＯ―改革運動の背景に見る日米の落差―』（コミュニケーション研究第30号、２０００年）
藤田博司『パブリック・ジャーナリズム―米報道改革の試みをめぐって―』（コミュニケーション研究第27号、１９９７年）
福吉勝男『現代の〈公共哲学〉とヘーゲル（１）―市民団体・協会組織・公共性―』（名古屋市立大学大学院人間文化研究科人間文化研究第7号、２００７年）
Asa Briggs, Petr Burke "A social history of The Media 3rd Edition" polity, 2010

フェビエンヌ・ブルジェール著、原山哲・山下りえ子訳『ケアの倫理――ネオリベラリズムへの反論』（白水社、2014年）
古畑和孝編『人間関係の社会心理学』（サイエンス社、1988年）
D・J・ブーアスティン著、星野郁美、後藤和彦訳『幻影の時代　マスコミが製造する事実』（東京創元社、1964年）
G・W・F・ヘーゲル著、樫山鉄四郎訳『精神現象学』（上）（平凡社文庫ライブラリー、1997年）
G・W・F・ヘーゲル著、樫山鉄四郎訳『精神現象学』（下）（平凡社文庫ライブラリー、1997年）
G・W・F・ヘーゲル著、長谷川宏訳『歴史哲学講義』（上）（岩波文庫、1994年）
G・W・F・ヘーゲル著、長谷川宏訳『歴史哲学講義』（下）（岩波文庫、1994年）
辺見庸『瓦礫の中から言葉を　わたしの過〈死者〉へ』（NHK出版、2012年）
ヴォルター・ベンヤミン著、佐々木基一・編集解説『複製技術時代の芸術』（晶文社、1999年）
保阪正康『昭和史入門』（文藝春秋、2007年）
堀内都喜子『フィンランド　豊かさのメソッド』（集英社新書、2008年）
本多勝一『事実とは何か』（未来社、1971年）
本多勝一『職業としてのジャーナリスト』（朝日新聞社、1984年）

マ行

D・マクウェール著、大石裕監訳『マス・コミュニケーション研究』（慶應義塾大学出版会、2010年）
M・マクルーハン著、栗原裕・河本仲聖訳『メディア論』（みすず書房、1987年）
M・マクルーハン著、井坂学訳『機械の花嫁』（竹内書店、1968年）

M・マクルーハン＋E・カーペンター、大橋正臣・後藤和彦訳『マクルーハン理論　電子メディアの可能性』（平凡社ライブラリー、2003年）
松田浩『NHK新版――危機に立つ公共放送』（岩波新書、2014年）
ミシェル・マフェゾリ著、吉田幸男訳『小集団の時代　大衆社会における個人主義の衰退』（法政大学出版局、1997年）
三浦つとむ『弁証法はどういう科学か』（講談社現代新書、1968年）
御厨貴『オーラル・ヒストリー　現代史のための口述記録』（中公新書、2002年）
水越伸『新版デジタル・メディア社会』（岩波書店、2002年）
見田宗介『現代社会の理論』（岩波新書、1996年）
J・S・ミル著、塩尻公明・木村健康訳『自由論』（岩波文庫、1971年）
C・W・ミルズ、鈴木広訳『社会学的想像力』（紀伊国屋書店、1965年）
Milton Mayeroff "On Caring" Harper perennial,1971
ミルトン・メイヤロフ著、田村真・向野宣之訳『ケアの本質　生きることとの意味』（ゆみる出版、2000年）
茂木俊彦『障害児と教育』（岩波新書、1990年）
森達也『ドキュメンタリーは嘘をつく』（草思社、2005年）
森田明彦『人権をひらく　チャールズ・テイラーとの対話』（藤原書店、2005年）
諸橋泰樹『ジェンダーとジャーナリズムのはざまで』（批評社、2005年）

ヤ行

矢野久美子『ハンナ・アーレント　「戦争の世紀」を生きた政治学者』（中公新書、2014年）

山田健太『3・11とメディア　徹底検証　新聞・テレビ・WEBは何をどう伝えたか』（トランスビュー、2013年）
山田健太『言論の自由　拡大するメディアと縮むジャーナリズム』（ミネルヴァ書房、2012年）
山田健太『法とジャーナリズム〈第2版〉』（学陽書房、2004年）
山本信人監修、慶應義塾大学メディア・コミュニケーション研究所／NHK放送文化研究所編『ジャーナリズムの国籍　途上国におけるメディアの公共性を問う』（慶応義塾大学出版会、2015年）
山本文雄編『日本マス・コミュニケーション史』（東海大学出版会、1970年）
山脇直司『社会思想史を学ぶ』（ちくま新書、2009年）
山脇直司『公共哲学とは何か』（ちくま新書、2004年）
吉見俊哉編『メディア・スタディーズ』（せりか書房、2000年）
吉見俊哉『メディア時代の文化社会学』（新曜社、1994年）

ラ行

トム・ラックマン著、東江一紀訳『最後の紙面』（日経文芸文庫、2014年）
カート・ラング、グラディス・エンジェル・ラング著、学習院大学社会学研究室訳「テレビ独自の現実再現とその効果・予備的研究」『マスコミュニケーション：マスメディアの総合的研究』（1968年、東京創元新社）
W・リップマン著、掛川トミ子訳『世論（上）』（岩波文庫、1987年）
W・リップマン著、掛川トミ子訳『世論（下）』（岩波文庫、1987年）
ジャン＝ジャック・ルソー著、桑原武夫・前川貞次郎訳『社会契約論』（岩波文庫、1954年）
ニクラス・ルーマン著、林香里訳『マスメディアのリアリティ』（木鐸社、2005年）

C・S・レヴィ著、B・ヴェクハウス訳『社会福祉の倫理』（勁草書房、1983年）

参考資料

世界保健機関、監訳・河西千秋、平安良雄・横浜市立大学医学部精神医学教室『自殺予防　メディア関係者のための手引き』（日本語版第２版）

加藤正明ほか編集委員『新版精神医学事典』（弘文堂、１９９３年）

新聞各紙（朝日新聞、毎日新聞、読売新聞、日本経済新聞、共同通信社配信記事等）

各新聞社記事データベース

外国メディア（米ニューヨークタイムズ、英タイムズ、英ガーディアン等）

世界年鑑（共同通信社、１９７０年～）

専門紙（新聞協会報、民間放送）

隔月刊『精神看護』（医学書院）

【ホームページ及び発表資料参照】

衆議院、参議院、内閣府、外務省、文部科学省、厚生労働省、東京都

精神科向けポータルサイト『サイキュレ』http://psycure.jp/

インターネットコラムサイト『ニュース屋台村』http://www.newsyataimura.com/

富山県ＨＰ『とやまの地域共生』http://www.toyama-kyosei.jp/service/

■著者プロフィール

引地達也（ひきち・たつや）

1971年、仙台市生まれ。上智大学大学院文学研究科新聞学博士後期課程修了。博士（新聞学）。毎日新聞社記者を経てドイツ留学。帰国後は、経営情報誌の編集者を経て、共同通信社入社。外信部、韓国・延世大に社命留学しソウル特派員。退社後はメルボルンでオーストラリアの核問題を研究し、帰国後、大手金融機関の経営コンサルタント、外務省の公益法人理事兼事務局長など国際経験を生かした業務に従事。東日本大震災でのボランティア活動「小さな避難所と集落をまわるボランテイア」をきっかけに、支援が必要な場所への活動を展開。2020年4月、シャローム大学校から一般社団法人みんなの大学校を設立し「ウェブでつながる」を基本とした要支援者のための学びの場を展開。
現在、一般社団法人みんなの大学校代表理事、ケアメディア推進プロジェクト代表並びに季刊「ケアメディア」編集長、法定外見晴台学園大学客員教授等。一般財団法人発達支援研究所、日本マス・コミュニケーション学会、日本質的心理学会、日本LD学会、全国専攻科（特別ニーズ教育）研究会、The Association for Education in Journalism and Mass Communication（AEJMC）などに所属し、ケアとメディアの研究と実践を重ねている。

ケアメディア論
――孤立化した時代を「つなぐ」志向

二〇二〇年十二月十一日　第一刷発行

著　者　引地達也
発行者　川畑善博
発行所　株式会社　ラグーナ出版
〒八九二－〇八四七
鹿児島市西千石町三－二六－三F
電話　〇九九－二一九－九七五〇
URL https://lagunapublishing.co.jp/
e-mail info@lagunapublishing.co.jp

装丁・DTP　福田智洋
印刷・製本　シナノ書籍印刷株式会社
定価はカバーに表示しています
乱丁・落丁はお取り替えします
ISBN978-4-910372-01-3　C0036